Carla, une vie secrète

Besma Lahouri

Carla, une vie secrète

Flammarion

© Flammarion, 2010
ISBN : 978-2-0812-2649-4

à F.G.

« Malheur à qui n'a plus rien à désirer. Il perd pour ainsi dire tout ce qu'il possède. On jouit moins de ce qu'on obtient que de ce qu'on espère et l'on n'est heureux qu'avant d'être heureux. »

La Nouvelle Héloïse, Rousseau

Prologue

Un portrait de la première dame ? L'idée peut sembler vaine au premier abord. De Carla Bruni on a l'impression de savoir tant de choses. L'ancien mannequin devenue la troisième Mme Sarkozy a accumulé à elle seule, en France, plus d'articles, de unes de magazines, de reportages que n'importe quelle star du cinéma mondiale. Sûre de son pouvoir d'attraction et de l'intérêt qu'elle provoque, Carla Bruni a prétendu un jour sur le site de sa fondation que l'interview qu'elle avait donnée au quotidien *Libération* en juin 2008 était la « meilleure vente de l'année pour le journal ». Ce qui s'est révélé un peu surestimé… mais pas totalement faux. Pendant vingt ans, la presse a relaté ses faits d'armes, ses conquêtes, ses métamorphoses. On l'a vue poser devant l'objectif des plus grands photographes, parader librement au bras de ses nombreuses conquêtes, s'épancher dans les magazines, et pas seulement people. De cette publicité la mannequin-chanteuse a été la complice. Presse et show-biz font souvent très bon ménage et

Carla Bruni en a parfaitement compris les codes. Au point que de nombreux journalistes en parlent comme d'une proche, voire d'une intime.

*

Pour autant, sait-on ce que cache cette icône de papier glacé que l'ex-artiste est devenue depuis son mariage avec le président de la République ?

Une véritable énigme, cette première dame qui répugna à la monogamie pendant des années et qui, aujourd'hui, ne prononce plus une phrase sans glisser « Monmari ». Un mystère, cette richissime héritière italienne, débarquée en France à l'âge de sept ans, longtemps porte-parole d'une certaine gauche intellectuelle, conjointe aujourd'hui du président le plus impopulaire qu'ait connu la Ve République et dont le virage à la droite de la droite fait tousser son propre camp. Carla Bruni et Nicolas Sarkozy, c'est un mélange détonant. Elle, l'ancien parangon de la gauche parisienne, l'artiste libre mais dont on a mal perçu l'angoisse de ne plus être sous les feux de la rampe. Lui, le « tripal », comme le définissent certains, abrupt mais entier, fasciné par la réussite et l'argent. L'union des contraires ? Pour le publicitaire Jacques Séguéla, « elle qui a été quittée par Raphaël Enthoven, son cadet de 10 ans, a été, prise par le vertige de la quarantaine approchant, séduite par le charisme présidentiel ». De fait, il est sa plus belle prise. Grâce à ce mariage, elle a non seulement goûté au bonheur des sentiments, mais elle a aussi, et surtout, renoué avec la célébrité que lui avait apporté jadis sa relation avec Mick Jagger. Sauf que, cette fois-ci, aucune épouse bafouée ne viendra gâcher la fête. De son côté, Nicolas Sarkozy, quitté par une épouse lassée de son appétit de pouvoir, a été conquis par son charme envoûtant. Elle lui a permis de mettre un pied dans ce milieu d'intellectuels qui lui était hostile aux premiers jours de son élection et qui s'est révélé bien silencieux depuis.

L'ancienne jet-setteuse est-elle devenue la patiente épouse d'un président soudainement assagi ? Oui, veulent faire croire les services de communication de l'Élysée, relayés par les unes de quelques magazines.

*

Mais pas si simple... Car derrière Carla la discrète perce une femme de tempérament que d'aucuns disent redoutable, surnommée « Terminator » par une jeune rivale humiliée. Rock stars, hommes politiques, acteurs, photographes de mode, hommes de médias, rares sont ceux qui ont résisté à ses opérations de charme et à son goût du pouvoir. On la soupçonne d'user de son influence, on s'interroge sur les traits figés de ce visage parfait. Il se murmure que tout cela n'est pas bien naturel, mais on ne l'a pas écrit... jusqu'à présent.

En réalité, enquêter sur Carla Bruni peut sembler mission impossible quand on ne fait pas partie du sérail. Si l'on n'est pas adoubé par la cour, les portes restent fermées... un temps. Les pressions de la première dame de France pour que ses proches ne nous rencontrent pas n'ont donc pas manqué. Oui mais voilà. Nous sommes en France, pays frondeur où il se trouvera toujours des gens prêts à raconter, parfois avec tendresse, parfois sans, la Carla qu'ils connaissent ou ont connue.

*

Au terme de cette enquête, que découvrira-t-on ? Une Carla séduisante et séductrice, attachante et agaçante, attirante et impétueuse, libre et calculatrice, réservée mais usant de ses nouveaux pouvoirs, fidèle en amitié et volage en amour, obsédée par l'idée de maîtriser son destin et soudain mariée à un homme encore plus imprévisible qu'elle. Cette histoire passionnelle aurait dû être la leur, et seulement la leur. Mais comme elle est sortie de son cours et a débordé sur la vie publique, elle est devenue la nôtre.

1

J'ai un nouvel amoureux

— Karine ? C'est Carla…

Dans son appartement de l'avenue Montaigne, la comédienne Karine Silla [1], allongée sur son canapé, regarde la télévision en compagnie d'une amie. Il est 23 heures, à Paris, ce soir de novembre 2007. L'appel de sa complice de toujours n'a rien d'inhabituel, mais au bout du fil, quelque chose dans la voix de Carla la sort de sa torpeur.

— Devine avec qui je sors ?

— Qui ? Dis-moi…

— Nicolas… Sarkozy !

— Quoi ? Non ! Pas lui !

Sans s'en rendre compte, Karine a crié dans le combiné. Sa « Carloche », comme l'appellent les intimes, elle la connaît sur le bout des doigts. Il y a vingt ans, elles ont couru les podiums ensemble. Depuis, leurs étoiles n'ont pas brillé avec la même

---

1. Elle n'a pas souhaité nous rencontrer, Carla Bruni lui ayant recommandé de ne pas le faire.

intensité : Karine doit sa célébrité à l'acteur Gérard Depardieu, dont elle a eu une fille. Carla, elle, a vu l'ensemble de sa vie romanesque placée sous le feu des projecteurs. Les deux inséparables sont pourtant restées liées, partageant tous les détails de leurs histoires de cœur comme de leurs déceptions. Et Karine en a vu défiler, des compagnons, dans la vie de son amie... Elle connaît son béguin pour les stars et ses coups de foudre qui défraient la chronique. Même son propre mari, le comédien Vincent Perez, est une ancienne conquête de Carla. Mais Nicolas Sarkozy... Karine s'attendait à tout sauf à lui. Dans leur cercle d'amis gauche caviar, ce dernier trophée a toutes les chances de faire tache.

— Tu vas trop loin, Carla...

*

Fière de son effet, Carla exulte en silence. Après toutes ces années, elle réussit encore à surprendre ses proches. Cette fois, elle touche à la consécration. Jamais encore elle n'a approché un chef d'État. Sortir avec un homme aussi puissant que Nicolas Sarkozy, est-ce la réalisation d'un fantasme ? C'est, en tout cas, un objectif patiemment construit depuis trente ans, à coups de frasques dont les remous ont éclaboussé les pages de la presse people. Emelyne [1], ancienne habilleuse dans la mode, n'oubliera jamais la phrase prophétique prononcée en 1987 par la

---

1. Entretien avec l'auteur, 16 novembre 2009, Paris.

jeune Bruni, lors d'un show organisé par les stylistes Marithé et François Girbaud pour leurs clients à Paris. Carla n'avait que dix-sept ans, elle débutait dans le métier. Emelyne se souvient de la gentillesse de la jeune femme volubile, à tu et à toi avec les maquilleuses et les habilleuses : « Elle venait s'asseoir entre nous, souvent par terre, toujours au centre d'un petit groupe, en attendant qu'on ait besoin d'elle. Entre deux coups d'œil à son miroir de poche, elle répétait : "Je deviendrai quelqu'un, vous verrez…" On l'écoutait en souriant. » La star à l'époque, c'était Amira Casar, mannequin vedette de la marque, mais Carla s'en moquait. « Pendant quatre jours, raconte Emelyne, elle l'a répété en boucle : "Vous verrez, un jour, je serai célèbre !" »

Karine Silla a vu. Et ne sera pas la seule à tomber des nues.

*

Quelques jours plus tard, le 1er décembre exactement, c'est à une autre amie d'enfance, italienne celle-là, que Carla a réservé son coup de théâtre. Toute la journée, les deux jeunes femmes ont couru les boutiques. De retour à l'hôtel particulier de la chanteuse dans le très chic XVIe arrondissement de Paris, celle-ci laisse tomber ses sacs dans l'entrée et se tourne vers sa copine en susurrant :

— Je vais prendre ma douche. Mon nouvel amoureux risque d'arriver. Tu pourras le faire entrer, s'il te plaît ?

Un quart d'heure après, on sonne à la porte. Carla n'étant pas encore sortie de la salle de bains, sa comparse s'empresse d'aller ouvrir. La porte à peine entrebâillée, elle se fige, la main crispée sur la poignée : sur le perron se tient le président de la République, droit comme un « I », un sourire lumineux d'enfant accroché au visage, manifestement ravi d'être à l'origine de la mine ébahie de son interlocutrice.

*

Tous les proches de Carla, avertis en moins de temps qu'il n'en faut pour prendre la pose devant un objectif, accueillent la nouvelle avec la même incrédulité.

Leur « Carloche » avec le champion de la droite ? Celui-là même qui voulait imposer des tests ADN aux candidats à l'immigration contre lesquels ils ont signé, Carla comprise, une pétition indignée quelques semaines plus tôt ?

Difficile à avaler, même pour les plus ouverts d'esprit de ses amis nantis. Pour l'intéressée, le mets n'en est que plus délectable : Nicolas est une proie de choix et elle entend le faire savoir. Avec ce sens inné de la mise en scène dont elle sait user à l'envi. en grande prêtresse de son propre avènement.

*

Il faut dire que le gibier en question, sans le savoir, a servi sa cause. De leur président les Français connaissent, désormais, les peines de cœur comme les moindres détails de la vie de famille. Tous ont pu admirer ses anges blonds de fils pendant la campagne présidentielle ; tous ont scruté le visage livide de Cécilia le soir de la victoire sur la place de la Concorde ; tous ont suivi, avec fascination et compassion, les hésitations de la première dame de France. Partira ? Partira pas ? Pendant des mois, l'Élysée leur a offert un feuilleton romanesque, les laissant pantois. Leur président était un homme délaissé et tout le monde le savait. Mais de là à troquer, du jour au lendemain, l'ex de Jacques Martin contre une diva à la voix frêle… ?

La dernière volte-face sentimentale du chef de l'État ne tarde pas à faire les gorges chaudes de la presse la plus sérieuse. Carla et Nicolas ? Parce que c'était lui, parce que c'était elle ? Et pourquoi pas ? Il s'agit d'un coup de foudre, dit-on. Après tout, l'amour a ses raisons que même l'impétueuse raison sarkozyste ne peut ignorer. Et l'on aurait presque envie d'y croire.

2

Une rencontre à l'insu de son plein gré

Il n'aura fallu que quelques heures, semble-t-il, pour concrétiser ce passage de témoin conjugal. C'est l'histoire du fameux dîner. Celle que Jacques Séguéla [1], en publicitaire averti, nous a vendue avec force détails dans son livre autobiographique [2]. À le croire, c'est par lui que l'idylle a commencé... En réalité, sa version n'est pas tout à fait exacte. Organisé le 14 novembre 2007, ce dîner, véritable ballet, Séguéla l'a mis en scène, certes, mais c'est l'ancien mannequin qui en a écrit la partition, du début à la fin.

Il faut dire que le sujet s'y prêtait.

*

Depuis le départ de Cécilia, le président se morfond. Leur divorce a été prononcé le 15 octobre et

---

1. Entretien avec l'auteur, 10 juin 2009, Suresnes.
2. *Autobiographie non autorisée*, 2009, Plon.

ses proches s'inquiètent. Au point qu'ils craignent de le voir sombrer dans la dépression. Le 18 octobre, Nicolas Sarkozy a été hospitalisé dans le plus grand secret au Val-de-Grâce. À en croire les journalistes qui révéleront l'information dans un livre publié en janvier 2008[1], il ne s'agissait que d'un abcès à la gorge, très bénin, somme toute. Mais, son entourage le sait, le président est aussi moralement à bout. Voilà pourquoi cette hospitalisation, selon eux, s'imposait.

Nicolas Sarkozy étant attendu le lendemain au Maroc pour une visite officielle, il fallait le remettre d'aplomb, de toute urgence. À Marrakech, le chef d'État français était pâle, mais a fait bonne figure devant les caméras. En coulisse, les participants au voyage se souviennent pourtant d'un président hagard, errant dans les couloirs du palais royal. Même Mohammed VI, informé du départ de la première dame, s'en est ému. Soucieux de remonter le moral de son invité français, le roi du Maroc lui a présenté le coureur Hicham el-Guerrouj afin de lui changer les idées. Le double médaillé d'or olympique est... l'idole de Sarkozy, lequel n'a pas hésité à exhiber l'athlète à son bras, tel un trophée, devant les journalistes réunis en conférence de presse. « El-Guerrouj, c'est mon héros à moi ! », s'est-il exclamé, les yeux brillants, jubilant comme un enfant à qui l'on aurait donné une double ration de bonbons.

---

1. *Cécilia, la face cachée de l'ex-première dame*, Denis Demonpion et Laurent Léger, 2008, Pygmalion.

*

Dès son retour en France, le président français a été repris en main par sa garde rapprochée. Ses conseillers, Catherine Pégard et Pierre Charon en tête, se sont donné le mot : il faut sauver le soldat Nicolas ! Désormais, on lui concocte des dîners en ville, on convie à sa table des artistes, comme l'actrice Carole Bouquet, aperçue en sa compagnie chez Thiou, le restaurant thaï où le Tout-Paris aime s'afficher. Quand Jacques Séguéla, l'ex-grand communicant de François Mitterrand, qui le conseille désormais, lui propose le fameux dîner, Sarkozy acquiesce avec joie. Au menu : Julien Clerc et Carla Bruni. Ces deux-là ont eu une histoire, autrefois… Et quand bien même ? On ne s'arrête pas à ce genre de détail « chez ces gens-là », comme dirait Jacques Brel. Chez Carla, justement, les « ex » font partie de la famille. Finalement, Julien Clerc devant se produire sur scène, seule Carla accepte l'invitation.

*

Une autre version circule. Celle selon laquelle on lui aurait soufflé le nom de la belle. Une thèse qu'accréditent les confidences de Georges-Marc Benamou [1], alors conseiller à l'Élysée pour la culture et l'audiovisuel [2]. Selon lui, leur véritable rencontre

---

1. Entretien avec l'auteur, 21 janvier 2010, Paris.
2. Poste qu'il a occupé du 18 mai 2007 au 17 mars 2008.

pourrait remonter à quelques jours déjà. Au 23 novembre précisément, date de la remise au chef de l'État du rapport Hadopi contre le téléchargement illégal par Denis Olivennes, alors patron de la FNAC et aujourd'hui directeur du *Nouvel Observateur*. Denis Olivennes est en effet venu accompagné de Carla Bruni. Une relation amicale née après un dîner réunissant des soutiens au journal *Les Inrockuptibles*. Peu de temps auparavant, par exemple, on les avait vus au mariage du député européen Henri Weber, proche de Laurent Fabius, avec la productrice Fabienne Servan-Schreiber. Une fête fastueuse, riche de huit cents couverts, au Cirque d'Hiver, résumée en ces termes par le psychanalyste Gérard Miller : « Si on n'était pas invité ce soir, c'est qu'on n'existe pas socialement. » Présent, lui aussi, lors de la remise du rapport Hadopi, Georges-Marc Benamou confie : « C'est ce jour-là, je crois, que le président a repéré Carla pour la première fois. »

*

Quoi qu'il en soit, au dîner de Séguéla, ce mercredi de novembre, ce n'est pas la première fois que Nicolas Sarkozy et Carla Bruni se croquent du regard. Le chef de l'État, reconnaît le publicitaire, a même bien appris ses fiches et s'est fait livrer des disques de la chanteuse avant de venir. De là à imaginer que Nicolas Sarkozy ait suggéré le nom de la belle à son ami, il n'y a qu'une corde de guitare.

que la belle Italienne a grattée de son ongle exquis, sans une fausse note.

Ce soir-là, celle-ci a pris soin de chausser des ballerines. Parce qu'il est inutile d'accentuer la différence de taille avec l'invité présidentiel ? Arrivée avant lui, elle ne cache pas son impatience. Très à l'aise, elle vient en terrain conquis. Les convives de son hôte, elle les côtoie régulièrement : le philosophe Luc Ferry et sa femme, Marie-Caroline, ainsi que le décorateur d'intérieur Guillaume Cochin et son épouse, Péri, animatrice de télé. Luc Ferry n'a jamais caché sa proximité avec Carla Bruni[1]. Cela n'a pas empêché sa femme de devenir la marraine d'Aurélien, le fils que Carla a eu avec Raphaël Enthoven. Quant aux Cochin, ils sont réputés pour leurs dîners mondains. Guillaume a d'ailleurs agencé l'hôtel particulier de Carla. Tous les éléments sont donc réunis pour que son éclat brille de mille feux. De son côté, Nicolas Sarkozy a bien croisé tout ce joli monde à quelques reprises, mais il n'est pas un familier de la coterie. Qu'importe ! Il pactiserait avec le diable, s'il le fallait, pour accoster sur la planète Bruni.

La suite, on la connaît grâce au livre de Jacques Séguéla : l'assaut français (« Vous me prenez pour Chirac ! ») ; la botte italienne (« Non, je fais la différence ») ; le tutoiement spontané ; l'entrelacs ostentatoire de piques provocatrices (« En matière de peopolisation, tu es un amateur. Ma rencontre avec

---

1. Voir notamment *Le Point*, 5 juin 2008.

Mick [Jagger] a duré huit ans de clandestinité… ») et de reparties de charme (« Mais comment as-tu pu rester huit ans avec un homme qui a des mollets aussi ridicules ? ») ; l'ambiance électrique (« J'ai le sentiment d'être la *blind date* ce soir, mais ne t'y fie pas, ta réputation te sert d'épouvantail ») ; les estocades ultimes (« Dans tes chansons, tu joues les dures parce que tu es tendre. (…) Je sais tout de toi parce que je suis tellement toi ») ; les apartés d'adolescents (« Pardonne-moi, j'ai deux mots à dire à ma voisine ») ; les messes basses, même, chuchotées à l'oreille (« Carla, es-tu cap, à cet instant, devant tout le monde, de m'embrasser sur la bouche ? ») ; puis le départ, main dans la main, de la chanteuse et du président…

En quelques heures, une *love story*, remake revendiqué de John et Marilyn, est née.

*

Pour John Sarkozy, sortir avec la sublime, célèbre et richissime Marilyn Bruni est une chance de laver son honneur bafoué. Le moyen de prendre sa revanche sur son épouse infidèle. L'occasion, aussi, de clouer le bec à tous ceux qui le voient comme un homme trompé, à terre, un président humilié.

Carla, elle, n'ignore rien de la déconfiture présidentielle, mais s'en moque. Elle-même a été délaissée par Raphaël Enthoven deux ans plus tôt. Le père de son fils unique l'a quittée pour une actrice, plus jeune qu'elle… Elle sait donc la douleur d'une rupture, éprouve ce même besoin de rebondir et de prouver sa ressource. Nicolas Sarkozy, le mari répudié que tous disent encore épris de son ex-femme, représente un challenge inestimable : non seulement elle entend le conquérir, mais elle compte également éclipser sa rivale, faire mieux qu'elle encore.

3

Carla et moi, c'est du sérieux

Dans le microcosme parisien, tout le monde sait. Les couloirs des rédactions bruissent de la rumeur du coup de foudre présidentiel, mais rien ne filtre, faute de preuves. Tous les paparazzis, fébriles, n'ont pas la chance de s'appeler Pascal Rostain[1]. Sa « Carlissima », comme il l'appelle, le photographe le plus redouté de France la connaît bien. C'est lui que la future première dame a choisi pour révéler sa nouvelle idylle. Une mise en scène savamment orchestrée, comme le sera désormais toute sa vie, publique ou privée.

*

Pascal Rostain a rencontré Carla vingt-cinq ans plus tôt, quand elle débutait dans le mannequinat. À l'époque, il partageait un loft à Montmartre avec son confrère Bruno Mouron. La jeune Bruni avait

---

1. Entretien avec l'auteur, 10 mars 2010, Paris.

seize ans et courait les boîtes de nuit avec ses inséparables copines, Rapha, Johana, Maria et Alexia.
La petite bande se retrouvait régulièrement au Bus
Palladium, où tous bambochaient jusqu'au petit
matin.

Depuis, le photographe et le top-modèle ne se
sont jamais perdus de vue, n'hésitant pas à se serrer
les coudes pour servir leurs intérêts communs. À
plusieurs reprises, les amourettes de la belle lui ont
permis de vendre de lucratifs reportages photo. Les
clichés de Carla et Arno Klarsfeld à Venise, en
1995 ? C'était lui. Il serait également l'auteur de
ceux pris au début des années 1990, et jamais
publiés, du mannequin avec un membre de l'Assemblée nationale. Curieusement, Rostain n'aurait
jamais cherché à les vendre, sans doute au nom de
leur « vieille amitié »...

Une main sur le cœur, l'autre agitant un bâton de
chaise cubain, l'intéressé jure d'une voix vibrante :
« Jamais de ma vie je n'ai paparazzé Carla. Je ne la
trahirai jamais ! » Jamais non plus il n'a photographié un grand footballeur en galante compagnie,
avait-il aussi déclaré un jour. Avant de prétendre,
une autre fois, avoir reçu la promesse d'une jolie
somme pour un cliché de la star du ballon rond et
d'une artiste...

*

Le 15 décembre 2007 au matin, le photographe
planque pourtant devant le domicile parisien de sa

protégée. « Un pur hasard, nous jure-t-il. C'était la première fois ! » Sa Carloche avec le président de la République ? « Je l'ignorais ! J'avais juste entendu des bruits. » Certains de ses confrères sont plus directs : « Pascal passait sa vie au téléphone avec elle. Il adorait qu'on le sache. Il n'avait pas besoin de planquer comme nous pendant des heures : "Carlita" le prévenait toujours à l'avance de ses déplacements les plus importants. »

On comprend mieux pourquoi Rostain était déjà à son poste, à 11 heures du matin, ce samedi-là : « Deux motards de la police, suivis de deux berlines noires, se sont garés devant chez elle, nous raconte-t-il. Carla est sortie accompagnée de sa mère et de son fils, Aurélien, avant de s'engouffrer dans l'une des voitures. J'ai compris que c'était celle de Sarkozy. » Aussitôt, le paparazzi, en scooter, prend en chasse le cortège présidentiel. Porte de Bercy, « sans être vu », précise-t-il (ce que ses confrères peinent à croire), il s'engage à sa suite sur l'autoroute de l'Est. « Ils m'ont largué, prétend-il, mais j'ai compris qu'ils allaient à Eurodisney. » Bien entendu, il arrive à Eurodisney avant tous ses concurrents. Et il y mitraille les Sarkozy-Bruni qui déambulent en famille dans les allées du parc d'attractions.

Bien que d'autres photographes soient présents, c'est sa photo qui va déclencher l'onde de choc : celle qu'il prend du tout nouveau couple pendant la parade. « Il y avait des milliers de personnes, mais j'ai réussi à les repérer. Et clic-clac, c'était dans la boîte », nous dit-il, voulant faire croire que seule la chance lui a permis de réussir ce joli coup...

Le couple « clandestin », la Belle et le président, reste dormir à Disney. Le lendemain, Christophe Barbier[1], directeur de la rédaction de *L'Express*, appelle son amie Carla sur son portable : « J'ai des photos de toi et Nicolas à Disney... Tu confirmes ? » Elle confirme, bien sûr. Mieux, elle savoure. Lundi, *L'Express* publie sur son site Internet le cliché de Pascal Rostain. Mercredi, le magazine *Point de vue*, qui fait partie du même groupe de presse, dégaine à son tour. En quelques jours, l'image du président de la République et de sa « nouvelle compagne », en manteau Hermès – une tenue bien inhabituelle pour une adepte des marques décontractées ! – soit deux amoureux transis au pays de Mickey, fait le tour du monde.

À la veille de ses quarante ans, Carla Bruni vient de réussir le doublé gagnant : attirer tous les projecteurs de la planète sur ses nouvelles amours, sans même avoir brisé un couple.

*

Les Français, eux, découvrent avec stupeur qu'ils ont élu un chef d'État au cœur d'artichaut. Le héros de la rupture... au bras d'une croqueuse d'hommes, jet-setteuse millionnaire à la réputation sulfureuse.

---

1. Entretien avec l'auteur, 27 août 2009, Paris.

Une scandaleuse dans les chaussons de tante Yvonne ! Le pays doute.

Pas Nicolas Sarkozy, que sa future belle-famille adoube aussitôt, raconte le conseiller Pierre Charon[1], lors d'un dîner intime organisé la veille de Noël à l'Élysée. Le futur gendre, cigare à la main, a l'œil humide quand Marisa, la mère de sa Carlita, fait une déclaration solennelle de l'autre côté de la table : « Merci Nicolas ! Tu sais, tu as apporté le sourire à cette famille qui l'avait perdu depuis la mort de mon fils, il y a deux ans. C'est toi, désormais, le nouveau chef de la famille. » Le président, tout à son frais bonheur, promet qu'il saura être à la hauteur. Il confie à Charon en aparté, dévorant du regard sa presque fiancée : « Elle est belle, elle est intelligente, elle a tout. » « Pas comme la mère Cécilia », complétera devant nous le même Charon, quelques mois plus tard, dans l'intimité de son bureau élyséen, sous les photos de la nouvelle patronne.

*

Quelques jours après ce dîner, Carla et Nicolas s'envolent pour l'Égypte. Jean, le fils aîné du président, est du voyage – alors qu'il n'avait jamais été emballé par le précédent mariage de son père avec Cécilia, que certains surnommaient « la sorcière ».

---

1. Entretien avec l'auteur, 27 août 2009, Paris.

À son retour, la chanteuse porte au doigt un imposant diamant rose en forme de cœur, que les yeux avertis identifient immédiatement comme la bague Cupidon de Dior Joaillerie.

Les mauvaises langues s'en donnent à cœur joie : Nicolas Sarkozy avait déjà offert une bague de la même collection à Cécilia pour fêter son retour au domicile conjugal, une bague qu'elle avait d'ailleurs le jour de la prise de fonction de son mari. De fait, la créatrice de ces deux modèles n'est autre que Victoire de Castellane, la sœur de Mathilde Agostinelli, une amie de… Cécilia. Cocasse.

Les plus perfides se rappellent aussi qu'Eurodisney était l'une des escapades favorites de l'ancienne première dame. À croire que le futur marié souhaite envoyer un message fort à son ex-épouse.

Face aux insinuations sournoises, Carla, elle, affiche un masque imperturbable. À certains proches, elle avance même qu'elle aurait suggéré ce choix à Nicolas. D'autres intimes confient toutefois que la volcanique italienne eut du mal à digérer l'affront. Quelle femme ne serait pas, au fond, furieuse d'être la victime d'une telle indélicatesse ?

*

L'échappée orientale, en Égypte puis en Jordanie, signe, en tout cas, le premier couac médiatique du couple. Les Français découvrent, effarés, les images d'Aurélien, six ans, le fils de Carla Bruni, juché sur les épaules de ce futur beau-père qu'il connaît à peine et encerclé par une horde de photographes. L'enfant se cache les yeux, gêné. Le choix du royaume hachémite n'est pas non plus anodin : c'est là que, deux ans plus tôt, la liaison de Cécilia avec le publicitaire Richard Attias a été repérée pour la première fois par quelques journalistes de passage. Une information officialisée quelques semaines plus tard grâce à des photos publiées dans *Paris Match* et signées – le monde est petit – Pascal Rostain. Avec cette étape jordanienne, Nicolas Sarkozy exorcise donc, d'une certaine manière, son échec matrimonial.

Dès son retour en France, lors de sa conférence de presse de janvier 2008, le regard planté dans celui de millions de téléspectateurs, il peut enfin affirmer : « Carla et moi, c'est du sérieux. » Ce que les Français ignorent, c'est que le président a demandé la main de Carla quinze jours après avoir dîné avec elle.

Quant à Carla, elle prend, elle aussi, mais à sa manière, l'affaire au sérieux. Durant le voyage, elle a multiplié les appels téléphoniques. À sa mère, ses amis. Pour s'assurer qu'ils n'ont rien raté : « Vous avez vu, tout le monde ne parle que de nous. »

4

Si tu reviens, j'annule tout ?

La noce est prévue le 9 février 2008, se murmure-t-il parmi les journalistes, qui guettent tous la date du mariage avec avidité. Il a finalement lieu le 2 février, dans le plus grand secret. Carla n'a même pas eu le temps de prévenir « Rapha », l'amie de toujours, celle qui l'a accompagnée à la maternité le jour de son accouchement. Tant pis. L'amour n'attend pas. La messe est dite. Ou presque.

*

Le tocsin n'a pas fini de sonner qu'Airy Routier [1], à l'époque rédacteur en chef au *Nouvel Observateur*, sort une bombe sur le site de son hebdomadaire. C'est l'histoire du fameux texto : « Si tu reviens, j'annule tout. » La supplique, qui aurait été envoyée une semaine avant le mariage, serait signée Nicolas Sarkozy et s'adresserait à Cécilia, son ex-épouse. Ce

---

1. Entretien avec l'auteur, 2 mars 2010, Paris.

message a-t-il vraiment été envoyé ? Le mystère n'est pas résolu. Mais sa publication provoque un véritable cataclysme. Fou de rage, le président porte plainte pour « faux, usage de faux et recel ». Une première dans l'histoire de la République. Et l'occasion, pour une poignée de journalistes, de découvrir le vrai visage de Carla Bruni, mélange de séduction et de menace.

Le 21 février, Airy Routier est entendu comme témoin assisté par la police judiciaire, au commissariat de la rue du Château-des-Rentiers, dans le XIIIᵉ arrondissement, à Paris. « C'était une histoire de fou, raconte-t-il [1]. *Le Nouvel Obs* a été mis sur écoute ainsi que David Martinon, le porte-parole de l'Élysée de l'époque, considéré comme étant ma source. Martinon a nié m'avoir parlé au téléphone... il a eu tort. Les écoutes ont prouvé qu'il a bien appelé le journal plus de quinze minutes. » Aujourd'hui, Pierre Charon [2] nous confie qu'un « véritable tribunal a été mis en place par l'Élysée : on l'a cuisiné pendant des heures, en lui disant qu'on savait que cela venait de lui et qu'il devait avouer ». En vain. L'ancien protégé de Cécilia, David Martinon, aujourd'hui consul général à Los Angeles, n'a rien reconnu.

Airy Routier poursuit ses explications : « Ce texto était, en réalité, une réponse du président à un message de Cécilia qui lui disait : ne te marie pas, tu fais une connerie. Mais qui a lu le procès-verbal de

---

1. Entretien avec l'auteur, 2 mars 2010, Paris.
2. Entretien avec l'auteur, 27 avril 2010, Paris.

Cécilia ? Personne. Alors que le mien a été publié dans la presse. » Nicolas Sarkozy ne s'arrête pas sur ce genre de détail. Il menace directement Claude Perdriel, le patron du groupe de presse, au téléphone : « Je me battrai contre *Le Nouvel Obs* ! », lui lance-t-il, hors de lui. L'avertissement est pris au sérieux. Tout le monde a en mémoire la promesse du chef de l'État, en 2005, de pendre Dominique de Villepin, jugé coupable d'avoir répandu des rumeurs infamantes sur son couple d'alors, « à un croc de boucher ».

Objet de la vindicte du couple présidentiel, le fondateur de l'hebdomadaire et éditorialiste Jean Daniel reçoit à son tour des appels en direct. Rien n'arrête Carla, qui se plaint également auprès d'Alain Chouffan [1], un grand reporter de *L'Obs* dont elle est proche : « Toute cette histoire me fait du mal », lui glisse-t-elle d'une voix chavirée. Dans les colonnes du *Monde*, Claude Perdriel sort le drapeau blanc dans une formule alambiquée : « *L'Obs* a fait une erreur, car c'était un SMS d'ordre privé qui, à mon avis, n'a pas existé effectivement. En tout cas, pas à ce moment-là », écrit-il. Le journaliste Airy Routier est toutefois contraint de se fendre d'une longue lettre d'excuses auprès de Carla « pour la peine occasionnée ». Il n'est pas au bout de ses surprises...

*

1. Entretien avec l'auteur, 15 février 2010, Paris.

Deux jours plus tard, l'insolent plumitif, qui a fini par présenter ses excuses à la femme blessée, reçoit un appel sur son portable alors qu'il est en vacances avec sa famille. « Elle avait un ton mi-chatte, mi-menaçant, confie-t-il aujourd'hui. Elle a débuté en me susurrant : "Je ne sais pas si je vais parler de cette lettre que vous m'avez envoyée..." Comme si j'étais assez stupide pour croire qu'elle garderait secret mon courrier. En fait, elle voulait créer une complicité avec moi, du genre "C'est une conversation privée, nul besoin que cela se sache." Je ne suis pas un bleu ! Puis elle m'a dit : "Je sais que vous ne nous voulez aucun mal, à Nicolas et à moi, que cet article n'était pas dirigé contre nous... C'est la Ciganer [1] et son Marocain, dont j'ai oublié le nom [2], qui vous ont intoxiqué. C'est assez minable de leur part. Ils font cela pour exister médiatiquement. Ils ont vécu sous les feux des médias grâce à Nicolas et ils veulent continuer." » La « Ciganer » ? Son « Marocain » ? Cette familiarité a estomaqué Airy Routier.

*

D'autres journalistes de *L'Obs* nous confirmeront les appels de la future première dame aux confrères qu'elle considère comme ses amis. La presse ne parle plus que de l'affaire. Sur France

---

1 Nom de jeune fille de Cécilia.
2. Richard Attias.

Inter, Didier Porte, déchaîné, ironise sur « la future première dame de France de remplacement ». Carla se heurte en outre à un obstacle aussi inattendu que brutal : blessée par la rumeur, elle ne sait pas elle-même si le fameux texto a existé ou non. Et c'est finalement sans avoir la réponse à sa lancinante question qu'elle doit se résoudre à clore le chapitre. Car c'est elle, en personne, qui décide de mettre un terme à cette sombre histoire, estimant publiquement que les excuses des dirigeants du *Nouvel Observateur* ont suffi à calmer sa juste colère. Une page est tournée : la femme bafouée se mue en médiatrice de la paix, seule capable de contrôler les élans d'un époux rancunier et colérique – un rôle qu'elle ne quittera plus.

Le 7 mars, Cécilia ex-Sarkozy est auditionnée par la police et affirme n'avoir jamais reçu ce SMS. Denis Olivennes, ami de Carla Bruni, est nommé directeur général du *Nouvel Observateur*. Airy Routier, lui, quittera le journal pour un autre titre du groupe, *Challenges*. Carla, elle, ne portera jamais plus son cœur en diamant à l'annulaire.

5

Une remplaçante de choix

Carla Bruni est désormais Mme Sarkozy. Voilà, c'est fait. La reine est partie, vive la reine. Plus aucun texto, désormais, ne pourra faire dévier le carrosse italien. La « Ciganer » ? En passe de convoler en justes noces avec son « Richard ». Bon débarras. Quoique... Cécilia n'est plus là, certes, mais son ombre, elle, continue de planer sur le couple présidentiel. C'est que, pour Carla, la situation est inédite : pour la première fois de sa vie, elle n'est pas présentée comme la vilaine casseuse de couple, celle qui a pris la place de quelqu'un. Mais c'est pire encore : un homme quitté, c'est un homme à moitié conquis seulement. Cécilia a choisi de renoncer à un mari qui était au sommet de sa gloire, Carla récupère un homme brisé que l'autre a bien voulu lui laisser. Sans le vouloir, la deuxième est devenue le faire-valoir de la première, dont tout le monde ausculte désormais le passé, afin de comprendre l'échec de son mariage.

*

Isabelle Balkany[1], cheveux courts et blonds, tailleur pantalon, chemise à rayures, poignée de main ferme, presque virile, résume avec une pointe d'amertume : « Cécilia ? Les Français ne l'ont connue que lorsqu'elle a quitté Nicolas. N'oubliez pas à quel point les romans de gare et la collection Harlequin sont lus et appréciés… » Entendre : une épouse d'homme politique, en temps normal, cela n'intéresse personne. En revanche, si son couple boit la tasse… Elle en sait quelque chose, elle qui renonça à sa carrière de journaliste pour l'amour de Patrick Balkany, colla ses affiches de campagne, serra des milliers de mains dans son sillage. La première adjointe au maire de Levallois (Hauts-de-Seine) connaît le rôle ingrat dévolu à une « femme de politicien », comme elle se définit : l'abnégation, le soutien indéfectible dont elle doit faire preuve, dans les succès comme dans les épreuves.

Le couple fusionnel des Sarkozy n'a pas fait exception à la règle. On les a vus ensemble, dans les meetings et les ministères. Elle a même été le chef de cabinet de son mari quand il a pris la tête de l'UMP. Et puis il y a eu le couac… Quand on évoque les tempêtes conjugales de ses amis Cécilia et Nicolas, le regard d'Isabelle Balkany, dans son bureau de la mairie de Levallois, se perd un instant dans les volutes de sa Philip Morris bleue. Elle ne revient pas sur le scandale qui a entouré sa propre rupture en 1996 : à l'époque, son mari a été accusé

1. Entretien avec l'auteur le 18 mai 2010, Levallois-Perret.

d'avoir obligé sa maîtresse à lui faire une gâterie en lui collant un pistolet sur la tempe. Il a été blanchi. Et c'est du passé : en bonne « femme de politicien », elle a su pardonner, elle. Les plaintes et complaintes de Cécilia ne suscitent chez l'épouse de Patrick Balkany que de l'exaspération. « Au moins, Carla sait où elle a mis les pieds », explique-t-elle. Certes, Cécilia est revenue plusieurs fois, consciente de la mission acceptée en se mariant avec Nicolas Sarkozy, celle de le faire élire, coûte que coûte : « C'est ce qui compte. Je me fous de moi », a-t-elle confié à l'époque à Bruno Jeudy [1], journaliste politique au *Figaro*. Carla, elle, est arrivée après la bataille, dit-on dans l'entourage du chef de l'État.

Cécilia est finalement partie, brutalement, au lendemain de l'élection, mais elle a fait le travail, elle est allée jusqu'au bout. N'en déplaise au verdict sans appel d'Isabelle Balkany [2] : « Dans un livre, elle a dit qu'elle était malheureuse... Qu'est-ce que ça veut dire ? Elle serait restée vingt ans avec un radin qui ne s'intéresse à rien ? Cécilia n'avait aucun humour et était très compliquée. Carla est très drôle et très intelligente. »

*

Les Français ont été moins sévères avec Cécilia. Les déboires conjugaux de leur président lui ont

---

1. Entretien avec l'auteur, 21 avril 2010, Paris.
2. Entretien avec l'auteur, 18 mai 2010, Levallois-Perret.

même valu un certain capital sympathie. « Ce dur
à cuire a été humanisé par son ancienne épouse »,
constate Denis Tillinac[1], écrivain corrézien proche
de Jacques Chirac. Nicolas et Cécilia ? « C'est
comme *La Femme du boulanger*, le film de Marcel
Pagnol : les Français ont été attendris par cet
homme humilié, cocufié et bafoué, ils se sont recon-
nus en lui. »

Ils se sont aussi inquiétés. Un président divorcé ?
Voilà qui était inédit dans l'histoire de la Ve République. Un président célibataire et malheureux,
c'était aussi, et surtout, un président diminué. Dans
l'inconscient citoyen, on estime qu'un chef d'État
ne saurait avoir d'autres préoccupations que les
leurs. Mais « Sarkozy est un affectif, plus encore
que Chirac, estime Denis Tillinac. Il a besoin d'être
aimé et qu'une femme lui prenne la main ». L'écrivain en veut pour preuve ce déjeuner en 1995 avec
le futur chef de l'État dans sa mairie de Neuilly :
« Il était seul, avec son chien... Nous avons longuement parlé. Plus tard, je lui ai rendu son invitation
en lui proposant un autre déjeuner. Une heure
avant le rendez-vous, il m'a demandé au téléphone
si Cécilia pouvait venir. Étrange, non ? » Le plus
curieux, pourtant, était à venir : « Il a passé le repas
avec une main agrippée à celle de Cécilia d'un côté.
Dans l'autre, il tenait sa fourchette : impossible de
lâcher sa femme, même quand il mangeait ! Cécilia,

---

1. Entretien avec l'auteur, 24 mars 2010, Paris.

elle, n'a pas prononcé un seul mot de tout le déjeuner. »

*

Sans une femme à ses côtés, Nicolas Sarkozy, les Français le pressentent, n'est que l'ombre de lui-même. Un homme amputé, en somme. S'ils savaient... Les proches ont su, eux, que pendant sa crise conjugale il s'était consolé dans les bras d'une journaliste politique du *Figaro*. Un témoin, qui préfère garder l'anonymat, raconte comment tous l'ont découvert : « Nous assistions à un match de foot au stade Bernabeu de Madrid. Nicolas Sarkozy devait venir, lui aussi, et on s'attendait à le voir débouler d'une minute à l'autre accompagné de Cécilia. Surprise ! C'est une autre qui est arrivée à son bras. Elle a ensuite pris la place de l'épouse légitime. Leur histoire allait durer des mois. » Le photographe Pascal Rostain a même surpris le couple faisant des achats chez Darty, place de la Madeleine, dans le VIIIe arrondissement parisien. Selon nos informations, un grand hebdomadaire lui a acheté les photos pour 70 000 euros... avant de les détruire, sous la pression de Pierre Charon, qui veillait au grain. Résultat : l'information n'a pas filtré. Mais la journaliste, qui avait déjà présenté Sarkozy à sa mère, n'avait pas mesuré l'attachement du chef de l'État pour Cécilia. « Nicolas a fini par récupérer celle-ci. Le plus terrible est que son amie du moment l'ignorait, révèle un proche du président, quand elle est partie avec lui en vacances à l'île Maurice et qu'il lui a offert un bijou... En réalité, c'était un cadeau d'adieu. Deux jours plus tard, il l'a quittée. »

Certains se sont demandé pourquoi Nicolas Sarkozy ne s'était pas retourné vers elle, quelques mois plus tard, après son divorce. Une journaliste qui devient première dame, après tout, cela s'est déjà vu... Là encore, Isabelle Balkany [1] a sa petite idée : « Elle parlait beaucoup et ne pouvait s'empêcher de faire des analyses politiques à sa place. Ce n'est pas de cela dont il avait besoin. » En d'autres mots, ce qui manquait à Nicolas Sarkozy, ce n'étaient pas des conseillers, mais une épouse aux petits soins, comme l'avait été Cécilia. Cette Cécilia qu'il appelait vingt fois par jour pour lui dire : « Je pars de l'Élysée, je rentre en réunion, je sors de réunion, tu fais quoi, toi ? » Un jour, le chef de l'État a demandé à la journaliste du *Figaro* de lui préparer sa valise pour un voyage officiel. « Fais-le toi-même ! », lui aurait-elle lancé, avant de se voir répondre par un président bougonnant : « Cécilia le faisait bien, elle... »

*

Faire les valises... Voilà qui ne rebute pas Carla. Les hommes dont elle a partagé la vie en témoignent : elle sait bichonner comme personne. Denis Tillinac [2] confie : « Quand Nicolas Sarkozy a

---

1. Entretien avec l'auteur, 18 mai 2010, Levallois-Perret.
2. Entretien avec l'auteur, 16 mars 2010, Paris.

épousé Carla, j'ai trouvé ça bien. Il était moins crispé, elle semblait l'apaiser. » Grâce à elle, le cauchemar présidentiel se termine en conte de fées. De façon un peu abrupte, certes, mais tout de même enchanteresse. « Il s'est trouvé une jolie reine, une sorte de Grace Kelly version Élysée, résume le même Tillinac. Les Français adorent les princes et princesses. Et toutes les grandes reines étaient d'origine étrangère. »

Pas si simple… Car ces mêmes Français qui n'ont pas hésité à guillotiner une Autrichienne trop loin du peuple à leurs yeux regardent la fortune de l'Italienne qui leur sert désormais de première dame avec circonspection. Tillinac en convient : « Jusque-là, Nicolas avait créé une proximité avec les Français. Cécilia avait besoin d'une reconnaissance sociale, alors que Carla est une vraie patricienne, née avec une cuiller en or dans la bouche. »

*

Enfin parvenue au sommet de l'Olympe, Carla Bruni est consciente de ce décalage. Elle sait que les Français doutent et qu'elle devra convaincre. Prouver qu'elle mérite sa place et effacer jusqu'au souvenir de Cécilia Ciganer-Albeniz, l'arrière-petite-fille du compositeur Isaac Albeniz, la fille de fourreur devenue femme de président, la bourgeoise cultivée, férue, comme elle, d'art et de musique : voilà qui va devenir une obsession. Or, contre ses origines, Carla ne peut rien. Pas plus qu'elle ne peut lutter contre les dix-huit années de bonheurs et d'épreuves partagés par Cécilia et Nicolas. Elle n'a donc pas le choix des armes. En revanche, elle a celui du champ de bataille : c'est décidé, son règne sera celui de l'image.

6

Carla, Cécilia : un match sans merci

La guerre est déclarée. Une guerre de communication s'entend, dans laquelle les journalistes ont ouvert le feu les premiers. Tous s'acharnent à voir en Carla le clone de Cécilia. Dans les rédactions, on mesure, on jauge, on compare : la haute taille, la beauté froide, le regard métallique, la pommette saillante, l'arête nasale, les lèvres fines et le port altier. On n'hésite pas à ressortir les vieilles photos en noir et blanc de Cécilia quand elle avait vingt ans. Mannequin de cabine, elle aussi savait prendre la pose. Au jeu des sept différences, le verdict est unanime : la ressemblance physique est confondante. Et le débat dépasse la presse : amis, connaissances, proches, tous l'affirment : « C'est certain, Carla, c'est Cécilia en plus jeune ! », nous lâche Jean Paul Gaultier [1], un ami de la première, sur le ton de l'évidence.

*

---

1. Entretien avec l'auteur, 7 décembre 2009, Paris.

Dix années, il est vrai, séparent les deux rivales. C'est pourtant loin d'être assez pour la première dame en titre, qui entend se démarquer de celle qui l'a précédée de façon plus magistrale.

Il faut agir vite : au moment même où Nicolas Sarkozy passait la bague au doigt de Carla, Cécilia Ciganer, en week-end à New York, annonçait son prochain mariage avec Richard Attias. Le futur époux de l'ex-première dame, ancien président de Publicis Events, est riche. Il est aussi l'ami des puissants du monde entier, qu'il côtoie à Londres, à New York ou à Davos. Les noces s'annoncent spectaculaires. Richard Attias parle même d'une organisation « millimétrée ». Carla peut-elle accepter que Cécilia lui vole la vedette ?

Le 10 mars 2008, le président israélien, Shimon Peres, doit venir en France en visite officielle. Le soir, une réception est prévue à l'Élysée en son honneur. Pour Carla, ce dîner d'État est une première. Il faut que tout soit parfait, à commencer par elle-même : tous devront savoir qu'elle était la plus belle de la soirée.

L'homme de la situation, c'est Pascal Rostain. Son ami photographe sait comme personne la présenter à son avantage. Il saura vendre les bons clichés... Le problème, c'est que le paparazzi est en disgrâce auprès du président depuis qu'il a saisi Cécilia et Richard Attias blottis amoureusement sous un porche new-yorkais, en août 2005. La photo, publiée en une de *Paris Match*, a fait le tour du monde à l'époque. La réaction de Nicolas

Sarkozy, alors ministre de l'Intérieur, a été à la hauteur de son humiliation : il a obtenu de son ami Arnaud Lagardère, propriétaire de l'hebdomadaire, le limogeage du directeur de la rédaction, Alain Genestar. Pascal Rostain, lui, s'en est tiré avec un contrôle fiscal. Et l'accès à Élysée lui a été interdit.

Le 10 mars, pourtant, Rostain se trouve bel et bien au palais présidentiel. Faisant fi du ressentiment de son mari, Carla a demandé au photographe de couvrir la soirée. L'enjeu de la réception du président israélien est en effet énorme. Sans compter la jubilation que lui procure cette occasion de faire une sorte de pied de nez au couple Attias.

*

Le jour J, le paparazzi arrive en avance à l'Élysée et rejoint Carla qui se prépare dans les appartements privés. Convaincu qu'il ne risque pas de croiser le président avant la soirée, il prend ses aises et s'installe confortablement au salon pendant que la première dame s'isole dans la salle de bains. La suite, il nous la raconte avec amusement [1]. « J'étais là, tranquille, à moitié allongé dans un canapé en train de regarder la télé sur un immense écran plasma en fumant les cigares du président, quand j'ai entendu : "Tu as raison, Rostain, fais comme chez toi !" C'était Nicolas Sarkozy. J'étais pétrifié... »

---

1. Entretien avec l'auteur, 10 mars 2010, Paris.

Le photographe se relève d'un bond et se trouve face, non pas à un homme en colère, mais à un président souriant, qui lui tend la main. Pas un brin d'ironie dans la réaction de ce dernier. « Je m'attendais à ce qu'il me parle du passé, poursuit le photographe… Et rien, il n'a pas évoqué le nom de Cécilia. Il ne l'a d'ailleurs jamais fait depuis. »

*

Carla sort du dressing, sculptée dans une magnifique robe violette signée Hermès. Rostain, aussitôt, dégaine son objectif… Le lendemain, Shimon Peres parle dans la presse d'un accueil « extraordinaire ». Deux jours plus tard, les images de la première dame virevoltant dans l'intimité de ses appartements s'étalent dans *Paris Match*[1]. D'une élégance exquise, elle joue les hôtesses de charme, sans chichis, s'appropriant les lieux comme si elle y était née. On dirait que cet endroit a été conçu pour elle !

On est bien loin du regard douloureux qu'affichait Cécilia le jour de l'intronisation de son mari ou des clichés figés de Bernadette Chirac, qui posait sagement assise les jambes croisées. « C'est toute la différence entre Carla et Bernadette, observe la journaliste Janie Samet[2], ancienne grande prêtresse de la mode au *Figaro*, avec le recul de ses cinquante années de carrière dans le milieu : Bernadette

---

1. *Paris Match*, 13 mars 2008.
2. Entretien avec l'auteur, 8 juillet 2009, Paris.

s'occupait des fleurs du jardin, c'était une véritable maîtresse de maison. Carla, les fleurs, elle s'en moque. Jamais non plus elle n'empiétera sur la vie du majordome. »

Et pour cause : la fleur, c'est elle ! En tout cas, le message est passé : à l'Élysée, Carla Bruni, qui a pourtant refusé de s'y installer, est chez elle.

*

Le répit est de courte durée. Le 23 mars, moins de deux mois après le mariage de Carla, sa rivale épouse Richard Attias à New York. Comme un fait exprès, Cécilia a choisi pour témoin Sophie Sarkozy, la belle-sœur de Nicolas. Après tout, c'est de bonne guerre : Nicolas a lui-même choisi pour témoin, lors de son mariage avec Carla, Mathilde Agostinelli, directrice de communication de Prada et, accessoirement, ancienne amie intime de Cécilia.

Attias est lui aussi un expert en matière de communication. Il vend, un peu vite, l'exclusivité des photos de son mariage à l'agence de presse américaine Getty, pensant ainsi obtenir une large couverture médiatique. Mais, en France, seul *Gala* achète les photos. Mécontent, le mari de Cécilia décide de négocier en direct avec Colombe Pringle [1], la téméraire rédactrice en chef de *Point de vue*, le même hebdomadaire qui avait officialisé à Eurodisney

---

1. Entretien avec l'auteur, novembre 2009, Paris.

l'histoire de Carla et Nicolas. La bataille des unes ne fait que commencer.

*

Depuis le début, le couple Sarkozy compte les couvertures de journaux comme autant de trophées. Au retour de Jordanie, le président, inconscient du choc provoqué par les photos d'Aurélien, le fils de Carla, juché sur ses épaules, a exulté en découvrant la couverture de *Paris Match*. Après sa conférence de presse, il a agité fièrement le journal sous le nez des conseillers et des quelques journalistes présents : « Vous avez vu toutes les couvertures qu'on a faites ? J'étais bien, sur celle-là, hein ? Cette une de Carla et moi s'est vendue à 800 000 exemplaires, vous vous rendez compte ? » Carla Bruni est flattée, elle aussi. Celle qui donne déjà du « Mon mari » d'une voix roucoulante chaque fois qu'une caméra apparaît dans son champ de vision est rassurée : ces pages de papier glacé à son effigie sont autant de points marqués dans le « duel » d'image qui l'oppose à « la Ciganer ».

*

Le 27 mars, la première dame est en Angleterre, où elle accompagne Nicolas Sarkozy en visite officielle : sa prestation est un sans-faute. Il faut dire que son amie Betty Lagardère, veuve de l'industriel Jean-Luc Lagardère, lui a fait répéter des heures durant comment réussir une révérence. Les tabloïds anglais commentent en rivalisant de superlatifs.

Lors de la conférence de presse donnée par Nicolas Sarkozy et Gordon Brown à l'Emirates Stadium, dans la banlieue nord de Londres, Bruno Jeudy, journaliste au *Figaro*, demande même au président : « Monsieur le président, la presse britannique s'est montrée très élogieuse à l'égard de votre épouse, au point d'éclipser votre présence. Est-ce que ce n'est pas un peu *too much* » ? La réponse du chef d'État français est cinglante : « Monsieur Jeudy, votre conception du couple est étrange. Je ne sais pas comment ça se passe dans votre couple, mais moi, je suis fier de ma femme. » L'assistance est choquée. Aussitôt, le journaliste est entouré par une nuée de confrères anglo-saxons qui lui font part de leur incompréhension devant les propos cinglants de Nicolas Sarkozy.

Ceux-ci sont vite oubliés. Le soir, à l'ambassade de France où a lieu une réception avec la communauté française de Londres, le président est de nouveau tout à sa joie de marcher au bras de son épouse. Plus tard, il entraîne Bruno Jeudy et Philippe Ridet, journaliste au *Monde*, dans une salle privée. Seuls quelques happy few, dont des sportifs comme Makelele, ont été conviés dans ce carré VIP. Le président, fou de joie, ne lâche pas les journalistes : « Venez, je vous présente Carla ! » La première dame, le sourire emprunté, et déjà la voix « *monmari* » qui la rendra célèbre aux *Guignols de l'info*, répond avec politesse. Sarkozy, goguenard, la met en garde : « Ce sont deux lascars, il faut vraiment que tu t'en méfies ! » Le badinage sarkozien dit tout, en réalité, de la fierté de cet homme. Quant à Carla Bruni, elle fait mine de s'amuser de l'effet produit. Dans son for intérieur, elle doit compter les points...

*

Des points, elle en gagne aussi plusieurs d'un coup, quand elle glisse, perfide : « Moi, j'aurais voté pour mon mari. » Elle fait ainsi allusion à Cécilia, qui a boudé les urnes pendant l'élection présidentielle.

Un an après leur mariage respectif, le torchon brûle toujours entre l'Italienne et l'Espagnole : la première se bat pour sa légitimité de première dame, la seconde ne digère pas d'être réduite à la version plus âgée de sa remplaçante. Comme la presse attise le feu, le match joue les prolongations : quand l'une monopolise une couverture de magazine, l'autre trouve immédiatement la parade en organisant un événement qui la mettra en valeur.

Cécilia annonce la création prochaine d'une fondation pour le droit des femmes ? Carla fait feu à son tour, affirmant qu'elle aussi travaille au projet de sa propre fondation, consacrée à la lutte contre les inégalités sociales. Carla a rencontré Nelson Mandela ? Cécilia remet un chèque au héros de la lutte contre l'apartheid.

Entre ces faits d'armes, les journalistes publient des dossiers comparatifs.

*

Lassée de cette compétition sans fin, Carla finit par demander au conseiller en communication de l'Élysée, Pierre Charon, d'imposer la trêve. Le même Pierre Charon, viré sans ménagement par Cécilia une année plus tôt et repêché par la nouvelle épouse…

Sa première cible est Fabrice Boé, alors P-DG du groupe Prisma Presse, qui édite notamment *Gala*, *Voici* et *VSD*. Ce dernier est convoqué à l'Élysée au début de l'été 2009. Le conseiller en communication [1] le reçoit dans les appartements privés du couple présidentiel. Il nous raconte la scène, savourant la manière dont il pense avoir muselé un temps le deuxième groupe de presse français : « J'ai attaqué d'emblée : "Trois unes consacrées à Carla et Cécilia, c'est trop ! Tu sais que Nicolas est là pour quelques années encore. Si tu veux que tes journaux puissent travailler en bonne intelligence avec nous, tu arrêtes ça tout de suite." » La menace est claire.

Carla, qui assiste à l'entretien, est assise sur le canapé, impavide.

Charon poursuit sur sa lancée : « Cécilia et Carla ne sont en rien comparables. La fondation que Carla essaie de mettre sur pied est une fondation à but humanitaire. Ça veut dire quoi, tous ces matchs ? »

_____

1. Entretien avec l'auteur, 27 août 2009, Paris.

Carla garde le silence. Un ange passe. Soudain, Nicolas Sarkozy fait irruption dans la pièce et s'assied, sans dire un mot. « L'ambiance était lourde, se souvient Charon. On a joué au méchant flic et au gentil flic. Pour détendre l'atmosphère, Nicolas a proposé un cigare à Fabrice Boé et lui a demandé : "Et sinon, comment ça va ?" La tension est retombée. » À la fin de l'entretien, Fabrice Boé se retire, le visage livide. Charon s'en inquiète : « Tout va bien ? » Le P-DG s'excuse : « Je ne supporte pas le cigare... »

Le conseiller de l'Élysée en rigole encore : Sarkozy a terrorisé un patron de presse pour les beaux yeux de sa femme.

*

Ce coup de semonce s'avère efficace : la presse people se calme. Pour un temps, du moins. Car Cécilia, échaudée par les débuts remarqués de Carla Bruni sur la scène diplomatique, mène à nouveau sa reconquête, cette fois sur le territoire américain [1].

À la rentrée 2008, elle lance officiellement sa fondation sur un plateau de télévision à Los Angeles. Depuis qu'elle a quitté la France, pour suivre son nouveau mari à Dubaï, puis à New York, elle cultive l'image d'une femme blessée, brisée par le

---

1. Cécilia Attias, contactée via son secrétaire en novembre 2009, n'a pas souhaité donner suite à notre demande d'entretien.

feuilleton de son couple présidentiel. Ce que confirmera la journaliste Johanna Safar [1], qui l'interviewera à New York pour la revue *France-Amérique* en juin 2009. « Cécilia a un mélange de naturel et de timidité, raconte-t-elle : la main franche, les yeux dans les yeux, elle m'a fait un sacré numéro d'humilité, en me répétant à tout bout de champ qu'elle n'était pas une intello, que ce qu'elle aimait à New York, c'était qu'ici, au moins, on lui donnait sa chance ».

Pendant cet entretien, pour lequel le couple Attias reçoit la journaliste dans son loft chic de la 42e Rue, Cécilia prouve qu'elle sait, elle aussi, mettre en valeur son mari, qu'elle appelle « mon amour » ou « mon ange » : « Cette fondation, c'est une sorte de rêve d'enfant pour Richard, vous savez... »

Carla ne va pas s'en laisser conter. Le 22 septembre 2009, elle débarque sur le sol américain avec, dans ses bagages, la plaquette fraîchement imprimée où figurent les grandes lignes du projet de sa propre fondation. Mais dans les couloirs de l'ONU, où son mari assiste à l'assemblée générale et où elle-même prononce un petit discours, on distribue le numéro de *France-Amérique* dans lequel est publiée l'interview de Cécilia Attias en une. « Les Américains étaient hilares : en plein débat sur l'Iran, ce combat entre l'ex et la nouvelle épouse était surréaliste », confie un membre [2] de la délégation française à New York.

---

1. Entretien avec l'auteur, 24 novembre 2009, New York.
2. Entretien avec l'auteur, 28 novembre 2009, New York.

*

Las ! Il en faudra plus pour faire taire ceux qui comparent encore Carla à l'ancienne Mme Sarkozy. La coquille du quotidien *Le Monde*, qui titre en une « Cécilia Bruni-Sarkozy », en est la preuve.

En décembre 2009, c'est le couturier Christian Lacroix qui essuie le regard noir de son ancien mannequin sur le plateau d'enregistrement d'un spécial « Carla Bruni en liberté », émission présentée par l'inusable Laurent Boyer. Ce petit pince-fesses cathodique réunit ses « meilleurs amis » : Johanna Fath, Karine Silla, Laurent Voulzy, Julien Clerc, Jean Paul Gaultier, Christian Lacroix... Le but du jeu : rire des blagues de la première dame de France et dire combien elle est appréciée de tous. Christian Lacroix [1] nous confie : « Carla a parlé de sa marionnette des Guignols, qu'elle trouvait trop similaire à celle de Ségolène Royal. Je lui ai dit qu'elle ressemblait plus, à mon avis, à celle de Cécilia. Carla m'a foudroyé du regard en lâchant : "J'espère pas." »

Ce bref échange sera coupé au montage : Carla Bruni est en colère, mais prouve, une fois encore, qu'elle sait se contrôler. Et cela, la nouvelle Mme Sarkozy le fait mieux que quiconque.

---

1. Entretien avec l'auteur, 10 juin 2010, Paris.

7

Du podium à l'Élysée,
il n'y a qu'un crépitement de flashs

SMS perfides, comparaisons humiliantes, lapsus dévastateurs... Décidément, la vie d'une première dame n'est pas un long fleuve tranquille. Carla Bruni, du haut de son mètre soixante-seize, est-elle de taille ? Certains en doutent encore. Telle Chantal Thomass [1], la première styliste à l'avoir fait défiler quand elle avait dix-sept ans : « Je suis étonnée qu'elle ait épousé le président : elle est tellement libre... Fini le nombril à l'air et le jean taille basse, être la femme du chef de l'État, c'est un métier. » La créatrice de lingerie ne reconnaît plus son ancien mannequin. Car du métier, Carla Bruni en a, justement. Il en faut, et même une sacrée dose, pour encaisser les coups sans faire la grimace : quand son sang italien entre en fusion, pas un cil ne bouge, pas une onde de mécontentement ne vient perturber l'ovale parfait de son visage immobile. En la matière, on peut même dire de Carla qu'elle est une pro.

---

1. Entretien avec l'auteur, 28 avril 2010, Paris.

*

Ce métier-là, c'est sur le podium qu'elle l'a appris : plus de dix années passées à prendre la pose devant les photographes, à dompter son corps, sa démarche, ses attitudes. Avec un sérieux et une volonté que tous ceux qui l'ont côtoyée au cours de sa carrière sont unanimes à lui reconnaître. Même quand elle guinchait au Bus Palladium avec l'insouciance de ses quinze ans, elle avait déjà la jolie tête solidement arrimée à ses épaules. Aujourd'hui consultante du styliste Yohji Yamamoto, Irène Silvagni, ancienne rédactrice en chef de *Vogue*, dont la fille, Alexia, fréquentait alors Carla, se rappelle les après-midi passées avec leur bande de copines dans son appartement rue de Washington dans le VIIIe arrondissement à Paris. « J'étais la seule mère qui travaillait. Alors c'est à la maison qu'elles squattaient, pour être plus tranquilles. Ça buvait des bières, ça fumaillait des joints... Quand je rentrais, le frigo était vide ! » À l'époque, Irène Silvagni [1] est rédactrice en chef de *Elle* : « Carla venait parler mode avec moi. Elle voulait tout savoir. »

La mode, le mannequinat... les dadas de n'importe quelle jeune fille, a priori. Pour Carla, toutefois, c'était différent. Les vêtements de marque, qu'elle avait pourtant largement les moyens de se payer n'étaient pas son truc. « Elle n'a même jamais aimé la mode, réfléchit Chantal Thomass avec le

---

1. Entretien avec l'auteur, 28 juin 2009, Paris.

recul. Ce n'était pas une fashionista comme les autres mannequins. À la différence de Kate, Linda, Eva ou Naomi, elle était toujours en jean, alors qu'elle aurait pu se faire habiller par les plus grands. » Non, Carla, ce qui la fascinait dans la mode, c'est son univers aussi impitoyable que glamour. Elle qui avait connu une enfance dorée, facile, y voyait là l'occasion de se surpasser, de se prouver qu'elle pouvait réussir dans un milieu inconnu, dont elle ne maîtrisait aucun code. Chez les Bruni, on baigne dans la musique et on cultive le goût pour l'art. Marisa, la mère, pianiste concertiste, est une femme ouverte d'esprit, qui encourage la créativité et l'initiative individuelle de ses trois enfants. Quand Carla se pique de se lancer dans le mannequinat, elle la laisse s'essayer à des séances de photo : après tout, pourquoi pas ? Il est bon d'avoir des passions. D'ailleurs, elle accompagne sa fille lors de son premier casting chez Chantal Thomass et attend dans le couloir en toute discrétion.

*

Le photographe Thierry Le Gouès[1] n'est qu'un jeune assistant quand il croise la route de Carla Bruni. Elle a seulement seize ans. Lui en a vingt et travaille au studio de photo Pin Up, à Paris. Le week-end, on lui laisse utiliser gratuitement le matériel. « Je cherchais un modèle pour m'entraîner, elle

---

1. Entretien avec l'auteur, 15 juin 2009, Paris.

voulait apprendre le métier de mannequin. La semaine, elle allait à l'école. Le week-end, elle posait pendant des heures pour moi, sans jamais se plaindre. Tout lui était tellement facile... C'était ma récréation ! »

Docile, attentive, Carla enregistre, apprend, toujours avide d'en savoir plus. Dans le milieu des apprentis modèles, la jeune Carla, déjà, détonne. Des filles de son éducation, cultivées, « intelligentes » même, précise Chantal Thomass, qui courent les shootings, ça ne court pas les rues. À la différence de ses consœurs, Carla n'a pas besoin de gagner sa vie. Riccardo Caramella [1], un ami de la famille, se souvient du chèque retrouvé par sa fille, Paola, quand cette dernière était enfant : « Carla avait touché cet argent pour un défilé de mode à New York et ne savait plus ce qu'elle en avait fait. Paola a retrouvé le chèque derrière une commode, où il avait glissé ! »

Qu'importent les billets, pourvu qu'elle ait l'ivresse. « Les autres faisaient leur job, elle, elle aimait ça », résume Chantal Thomass [2]. Passée de la vie de château à la vie de studio avec une facilité déconcertante, Carla s'épanouit et se lâche. Thierry Le Gouès, devenu un photographe en vogue, la croise à nouveau sur l'île de Saint-Barth, quatre ans après leur première rencontre. Carla, qui a définitivement laissé tomber de vagues études d'architecture, est mannequin pour l'agence parisienne City

1. Entretien avec l'auteur, 4 mars 2010, Mandelieu.
2. Entretien avec l'auteur, 28 avril 2010, Paris.

Models. Sur cette très chic île des Caraïbes, c'est la saison des séances photo : les plus beaux mannequins foulent le sable blanc de l'endroit paradisiaque. Le photographe est chargé de réaliser une série pour les pages beauté du magazine *Elle*. « On a fait ça un matin, vers six heures, sur la plage des Flamands, près de l'hôtel Taïwana. Je l'ai shootée, nue, courant sur le rivage. Deux touristes américains qui passaient par là se sont figés devant la scène, totalement fascinés. Carla, elle, était très à l'aise ! » La séance terminée, le photographe ramène le mannequin à son hôtel. Sur le chemin, ils découvrent une voiture accidentée : l'odeur de brûlé leur indique que l'événement est récent. « D'un bond, Carla a sauté sur le toit de la voiture et m'a dit : "Prends-moi en photo !" Quelques semaines plus tard, la marque de vêtements Morgan l'a repérée pour sa campagne. »

*

Carla n'a que vingt ans. Sa carrière prend enfin son essor. Décomplexée, sans inhibitions, elle séduit la profession. Carla est « belle en mouvement », résume Odile Sarron[1], ancienne directrice de casting pour le magazine *Elle* France. Grande blonde au regard acéré, qui a longtemps fait la pluie et le beau temps dans le milieu de la mode – en France, on lui doit la découverte de Claudia Schiffer,

---

1. Entretien avec l'auteur, 20 janvier 2010, Paris.

Laetitia Casta ou Estelle Hallyday –, Odile se souvient de la première fois où elle a vu Carla Bruni : « Elle m'a tout de suite fait penser à Audrey Hepburn : féline, gracieuse, hors mode, avec quelque chose d'intemporel. » La créatrice Sonia Rykiel[1] évoque, de son côté, une femme qui « marchait merveilleusement bien, pas comme un mannequin, ni même une danseuse, mais comme une femme mystérieuse ».

Ce physique « spécial », cette démarche atypique, pourtant, dérangent. « Sur le podium, elle était parfaite, mais c'était plus compliqué pour les séances photos magazine, raconte Irène Silvagni. Chez *Vogue*, on l'a surtout prise pour des photos de nu ou de maillots de bain. Pour le reste, j'ai eu du mal à l'imposer. » Odile Sarron confirme : « Elle n'avait pas une tête à couverture. Du coup, c'était difficile de trouver des photographes réputés, à l'instar de Peter Lindbergh, qui voulaient travailler avec elle. » Même constat chez la plupart des grands photographes interrogés.

Notre première dame, trop atypique ? « Disons qu'elle n'a pas une beauté classique, avance le photographe Patrick Demarchelier[2]. L'homme, il faut le reconnaître, est un expert : celui à qui l'on doit certaines des plus prestigieuses campagnes de Versace, Chanel et Calvin Klein, qui a mis en boîte

---

1. Entretien avec l'auteur, 20 avril 2010, Paris.
2. Entretien avec l'auteur, 4 décembre 2009, New York

toutes les stars ayant fait la une du *Vogue* américain, de Lady Di à Madonna, est considéré comme l'un des plus grands photographes au monde. À moins de 60 000 euros la séance de photo journalière, il ne se déplace pas. Un immense combiné téléphonique vintage vissé à l'oreille, entre deux ordres donnés à Victor, son assistant, qui le suit comme une ombre dans son loft new-yorkais, Demarchelier balance son verdict, très crâne : « Carla ? Un très bon mannequin. Pas un top-modèle, non, mais un mannequin vedette, si vous préférez. » Victor s'éloigne. Le téléphone retourne dans son socle. Le regard perdu derrière ses fines lunettes, Demarchelier réfléchit un instant et trouve enfin le mot juste : « Voilà, c'était plus une personnalité qu'un mannequin. D'ailleurs, elle n'a jamais fait la une du *Vogue* USA. »

*

Soit. Carla Bruni n'a jamais fait la une du *Vogue* américain. Cela ne l'empêche de défiler pour les grands stylistes français. « La Carla n'était pas fédératrice comme la Fressange. Elle était aimée ou très critiquée, reconnaît Jean-Jacques Picart [1], l'ancien associé de Christian Lacroix. Christian et moi, par exemple, n'étions pas sensibles à ses photos : sa beauté ne nous semblait pas évidente. Au début en tout cas. »

---

1. Entretien avec l'auteur, 10 mars 2010, Paris.

C'est un assistant du studio qui leur suggère un jour, au début des années 1990, le nom de Carla. Dubitatifs, Lacroix et Picart téléphonent quand même à l'agent de Carla Bruni pour lui fixer rendez-vous. « Il s'agissait d'un simple "go and see", ce qui était plutôt cavalier de notre part : en gros, on demandait à un mannequin déjà célèbre de venir nous montrer son book, comme un modèle ordinaire. »

Le jour dit, Carla Bruni se présente, pile à l'heure. Le styliste la fait attendre une bonne heure dans le studio avant de la faire entrer dans son bureau. « Enfin, il était temps », murmure-t-elle, l'œil espiègle, à la grande surprise de Jean-Jacques Picart : « Manifester son impatience, c'était plutôt gonflé ! ». Le mannequin enchaîne d'une voix languissante : « Oui, enfin, vous m'appelez, monsieur Lacroix. À chacun de vos défilés, je demandais à mon agent : "Et M. Lacroix ? M'a-t-il contactée ?" Chaque fois, on me disait non et j'étais tellement déçue... Vous allez voir, vous avez bien fait. Sur moi, vos robes seront encore plus belles. »

Picart comprend qu'il a affaire à une femme redoutable de séduction. Lacroix, lui, fond littéralement. « Elle nous a fait un de ces numéros ! s'amuse encore Lacroix. C'était une véritable chatte, totalement narcissique, mais bourrée de charme. Par la suite, elle a défilé pour nous pendant des années... »

*

Là est le secret de la belle Italienne : un cocktail de culot et de ténacité, avec ce quelque chose en plus, « de l'esprit », selon Picart, qui fait tomber toutes les barrières. Son visage ne faisant pas l'unanimité, elle aurait pu être un mannequin de corps, comme tant d'autres, mais elle voulait beaucoup plus. Elle voulait être au top. « Même dans le travail, c'est toujours moi qui suis allée au-devant des choses, personne ne m'a jamais arrêtée dans la rue pour me demander de faire des photos ou de chanter. Je n'attire pas les Pygmalion, je m'auto-pygmalionne », a confié plus tard Carla Bruni à des journalistes.

« Vous voyez sa force ? confirme Picart, admiratif : elle ne s'est jamais présentée comme une victime. Avec Carla, tout a toujours été "under control". Elle s'est toujours vue comme la plus jolie, la meilleure en tout, et elle a piloté son job de mannequin de bout en bout. »

Après avoir conquis Lacroix, c'est sur le créateur Jean Paul Gaultier que le mannequin jette ses filets. Gaultier : celui qui l'habillera, plus tard, alors qu'il travaillera chez Hermès, pour son mariage et ses sorties officielles, et grâce auquel la future première dame incarnera le chic, le cher et le grand luxe.

*

En 1996, Jean Paul Gaultier [1] n'a encore jamais fait défiler Carla Bruni, pourtant un mannequin

---

1. Entretien avec l'auteur, 7 décembre 2009, Paris.

confirmé. « Elle m'avait souvent sollicité, mais elle n'était pas mon type de femme. Je préférais les mannequins typés ou métissés. » En pleine préparation de son défilé de prêt-à-porter féminin, il organise un casting sauvage, deux jours avant le show, pour trouver le mannequin qui en sera la figure de proue : « J'avais seulement précisé que je cherchais une rousse. Des dizaines de filles faisaient la queue devant mon show room. Et je l'ai vue arriver avec son book... et une perruque rousse ! » Gaultier, surpris, goûte tout de même le clin d'œil à *Dim Dam Dom*, l'émission de sa jeunesse qui passait sur l'ORTF quand il était enfant. « *Buon giorno*[1], *sono Carla* », lui lance-t-elle d'une voix suave. « J'étais à la fois gêné et flatté... Je n'ai pas su dire non. »

Elle était comme ça, Carla : maligne et séductrice en diable, et pas seulement avec les stylistes. « C'était une super cliente pour nous, les journalistes, témoigne Viviane Blassel, grand reporter spécialiste de la mode sur TF1. Elle avait l'art de mettre en valeur tout ce qu'elle portait et savait d'instinct où étaient les caméras. Surtout, elle créait immédiatement une connivence avec nous. » Avec tout le monde, d'ailleurs, y compris les photographes et toutes les petites fourmis opérant en *backstage*. « Elle était tellement charmeuse... Avec sa tchatche incroyable, elle savait se mettre tout le monde dans la poche », s'amuse le photographe Thierry Le Gouès[2].

---

1. Entretien avec l'auteur, 7 décembre 2009, Paris.
2. Entretien avec l'auteur, 15 juin 2009, Paris.

*

Charmeuse ? Pas seulement. « Elle était aussi une sacrée bosseuse », reconnaît Le Gouès, qui se souvient encore d'un shooting lingerie particulièrement éprouvant : « C'était au Touquet : il pleuvait, il faisait moins trois degrés à 5 heures du matin et Carla n'a pas émis la moindre plainte ! »

Travailleuse, méticuleuse et perfectionniste : voilà les trois mots clés qui définissent la Carla Bruni reine des podiums. Fred Farrugia [1], le frère du célèbre comique des Nuls Dominique Farrugia, est l'un des maquilleurs les plus célèbres de la mode. Lui aussi peut témoigner de la patience extra-ordinaire dont elle faisait preuve en toutes circonstances. « C'était du pain bénit ! Elle savait faire vivre n'importe quelle coiffure et le plus étrange des maquillages. Au cours d'une séance photo pour *Elle* dans les cuisines de l'hôtel Ritz, je l'ai vue recevoir des tombereaux d'eau sans jamais bouger un cil. »

Et « raffinée », avec ça. Comme Fred Farrugia a pu le constater au cours d'un voyage « horrible » en *business class* : « J'étais assis avec une des top-modèles les plus célèbres du moment. Elle n'a cessé de boire durant tout le vol. Elle était tellement ivre qu'elle a passé la nuit la tête sur mon épaule à ronfler sur mon visage. Jamais Carla n'aurait fait cela. »

*

---

1. Entretien avec l'auteur, 24 avril 2009, Paris.

Si la future épouse de Nicolas Sarkozy ne parle jamais de sa richissime famille, tous pressentent qu'elle est issue d'un milieu très aisé. Les photographes en auront la confirmation quand Carla les invitera chez elle. Newton réalise ainsi une série de clichés au château du cap Nègre avec la famille Bruni. Marc Hispard, le photographe vedette du magazine *Glamour*, effectue également des portraits dans l'appartement familial parisien : plus de 2 000 mètres carrés avec des toiles de maître dans chaque pièce. Progressivement, la profession commence à comprendre l'environnement privilégié dans lequel a grandi ce mannequin vedette. Et la solidité de ce vernis social.

Pour Hispard [1], il n'y a pas de doute : ce sont les bonnes manières de Carla qui lui ont ouvert certaines portes. « Un jour, j'ai dû quitter une séance photo pour le *Elle* anglais à dix-neuf heures. On avait passé des heures à peindre de grandes lettres sur tout le corps de Carla et je devais la photographier avant que la peinture ne sèche. Notre séance n'était pas terminée mais il était important que j'aille voir ma femme à l'hôpital, où elle venait de subir une opération. La rédactrice en chef m'a interdit de partir. Carla est intervenue, très en colère : "Mais puisqu'il vous dit qu'il doit aller voir sa femme. Je suis prête à l'attendre toute la soirée s'il le faut !" Je suis revenu à vingt-trois heures. Carla n'avait pas bougé, elle n'avait même pas pu se rhabiller à cause des lettres peintes partout sur elle. »

---

1. Entretien avec l'auteur, 19 octobre 2009, Paris.

Dans les coulisses des défilés, Carla, toujours professionnelle, fait preuve du même sang-froid. Jamais un caprice, pas un mouvement d'humeur : un comportement assez rare pour être apprécié. Odile Sarron se souvient de cette séance « harassante avec Naomi Campbell : la mannequin britannique est arrivée avec cinq heures de retard, raconte-t-elle. Puis a exigé une minerve car elle avait mal au cou. Elle a fini par demander à être maquillée dans le... noir ! La beauté à la peau d'ébène avait mal aux yeux. J'ai dit stop ». Ce n'est pas la jeune Bruni qui aurait ainsi joué les divas.

Cette jeune femme de bonne famille, amoureuse du travail bien fait, est, en outre, extrêmement lucide : elle sait que la mode est un monde cruel et que, malgré le succès, il ne faut jamais baisser la garde. Christophe Girard[1], adjoint du maire de Paris chargé de la culture et ancien assistant particulier du grand Yves Saint Laurent pendant près de vingt ans, connaît mieux que quiconque la dureté de ce milieu : « Pierre Bergé et Yves adoraient Laetitia Casta. Carla défilait bien pour nous, elle aussi, mais Bergé, jamais avare d'une pique, la surnommait "l'hôtesse de l'air". »

*

La fille de l'air, pourtant, a le don d'éviter les bourrasques de l'altitude. Affable mais concentrée, elle sait rester discrète quand il le faut. La créatrice

---

1. Entretien avec l'auteur, 3 juillet 2009, Paris.

Sonia Rykiel[1] garde en mémoire l'image d'une « belle jeune femme souvent seule, qui se cachait sous la table pour lire et manger son sandwich en paix ». Polie avec tout le monde, Carla a toujours un mot gentil. Une ancienne standardiste de Givenchy garde un souvenir enchanté du mannequin : « Je travaillais au rez-de-chaussée, où la climatisation était défectueuse. Il faisait toujours très froid et je tombais régulièrement malade. Dans l'entrée, Carla, qui arrivait pour des essayages, m'a vue éternuer et m'a prise en pitié : "Oh la la, il faut vous soigner, mon petit ! Tenez, j'ai une petite pastille qui fera des miracles !" »

Les maquilleuses et les habilleuses, elles, l'adorent. « Trois semaines avant les défilés, elles venaient toutes me demander si elles pouvaient habiller Mme Bruni », poursuit Jean-Jacques Picart. Dans les ateliers, elle était la chouchou de tous. Quand les autres mannequins se montraient hystériques, criant quand une couturière les piquait, s'emportant quand elles ne trouvaient pas leur tenue, elle restait calme, en toutes circonstances. Dans les cabines, elle pliait soigneusement ses vêtements et les posait sur une chaise, alors que les autres se contentaient de les jeter à terre. « Elle était impeccable en tout : très propre, jamais une odeur, les mains et les pieds manucurés... ce n'était pas le cas de tous les mannequins, loin s'en faut ! », dit encore Picart.

---

1. Entretien avec l'auteur, 20 avril 2010, Paris.

*

Indifférente au chaos qui l'entoure, Carla a tracé sa route, sûre de son potentiel, susurrant à qui voulait bien l'entendre qu'elle serait la plus belle et qu'elle aurait les plus belles photos de magazines. Et, de fait, elle les a eues, ses couvertures. Ses amours chaotiques et très médiatisées avec Eric Clapton, Mick Jagger et les autres l'ont beaucoup aidée dans cette incroyable ascension. « C'est sûr que de sortir avec des stars, ça aide », confie un styliste réputé.

Surtout, elle a réussi sa sortie. « Quand la lumière ne m'aimera plus, vous me préviendrez ? », répétait-elle sans cesse aux créateurs. Christian Lacroix [1] n'a jamais pu se résoudre à le lui dire. Une saison, les collections ont démarré et Carla a prévenu : « Je ne viendrai pas. » Personne ne l'a retenue. Elle est partie aux sports d'hiver. Pendant que ses consœurs présentaient, en décembre, les collections de prêt-à-porter, Carla slalomait sur une piste enneigée, rêvant déjà de nouveaux sommets. Elle avait vingt-neuf ans et il n'était pas question, pour elle, de finir mannequin de cabine, comme d'autres consœurs. Pas elle. Carla était bien trop fière, trop ambitieuse, aussi, pour accepter de redescendre d'un cran

---

1. Entretien avec l'auteur, 10 juin 2010, Paris.

8

Visage, mon beau visage

Un immeuble cossu du XVIe arrondissement parisien, une plaque anonyme à l'entrée, « M. X chirurgien-plasticien ». Son nom est inconnu du grand public. Combien de célébrités, pourtant, ont-elles poussé la porte de son cabinet ? L'homme, proche de la soixantaine, fut même une véritable star en son domaine dans les années 1980 et 1990. Une période bénie, celle d'avant le Botox. Il en a « arrangé », le fameux docteur, des visages qui se sont étalés depuis en une des magazines.

Pour le consulter, il faut prendre rendez-vous une dizaine de jours à l'avance. Au téléphone, on vous oriente vers un photographe du quartier pour vous faire tirer le portrait en noir et blanc, sans maquillage et sans sourire, s'il vous plaît. C'est muni de ce petit book que l'on pénètre dans l'antre magnifique du spécialiste. Sol en marbre, statuette antique et tapis persans donnent le ton. On vous fait patienter dans un fauteuil moelleux, à portée de bras d'une pile de magazines féminins soigneusement sélectionnés, qui regorgent d'articles dithyrambiques vantant la technique du maître des lieux.

Le voici, enfin. Le visage lisse illuminé d'un regard pétillant, il vous reçoit dans son luxueux bureau. D'emblée, il prévient : « Je suis le roi de la "baby face" ! » Entendre : les visages lisses, frais, mignons et parfois étrangement juvéniles qu'arborent certaines stars. Surtout, il se targue de réussir les nez comme personne. « Le *baby nose*, c'est ma spécialité », insiste-t-il encore. Traduire par un nez de bébé, petit et retroussé. Celui que l'on a vu sur tant de visages de chanteuses, comédiennes, mannequins, ces dernières années. « Le secret du nez parfait, c'est le nez d'un nouveau-né, sans bosse, minuscule et rond, explique-t-il [1] avec un plaisir évident, tout en griffonnant votre propre visage sur une feuille de papier. Vous comprenez, l'arête du nez doit être parfaitement droite. » Faites-lui confiance : cela fait vingt-cinq ans qu'il pratique la chirurgie.

Encore des doutes ? Il vous rassure et évoque la chanteuse Liane Foly qui lui doit son nouveau « profil parfait » [2], une chanteuse blonde et des filles du Crazy Horse. Sans compter quelques Coco Girls célèbres. « Et le nez de Carla ? » lâchez-vous innocemment. Après un temps de réflexion, il ne dévoile rien. Tout juste montre-t-il, en un sourire,

---

1. Entretien avec l'auteur, 7 septembre 2009, Paris.
2. Elle-même n'en fait pas mystère et lui a dédicacé une photo.

sur son téléphone portable le numéro personnel de Carla à l'Élysée. « Une amie, dit-il, de plus de vingt ans. »

Vient ensuite le moment du devis. Le nez, c'est 2 000 euros. Supplément de 200 euros si vous souhaitez une chambre individuelle lors de l'intervention chirurgicale pratiquée à la Clinique du parc Monceau, dans le XVIIᵉ arrondissement parisien. Et si vous désirez réfléchir un peu avant de sauter le pas, il ne vous en tiendra pas rigueur. Pour preuve cette carte de vœux que nous avons reçue de lui, début janvier 2010 : « Platon a dit : le premier bien est la santé, le deuxième est la beauté. Je vous souhaite la santé, pour le reste, j'espère avoir gardé votre confiance. »

*

Carla Bruni aurait donc bien eu recours à la chirurgie esthétique. La révélation est de taille. Certes, il suffit de surfer sur Internet pour s'apercevoir que personne n'a attendu les propos du docteur pour se faire une idée sur la question. Seulement voilà, aucun journal n'a jamais osé l'écrire. Aucun magazine français du moins, à l'exception de l'hebdomadaire *Voici*, le seul à s'y être risqué en 1998, récoltant un courrier de Carla Bruni. La presse étrangère, en revanche, n'a pas eu tant de scrupules. Depuis le mariage de la chanteuse italienne avec le président français, la plastique de la première dame a fait l'objet de nombreux articles. En 2008, un média autrichien a été le premier a soupçonner quelque intervention sur le visage de l'ancien mannequin. En septembre 2009, le quotidien allemand *Bild*, partant du postulat que « ses joues rebondies n'avaient rien de naturel », a fait appel à l'expertise de différents chirurgiens, lesquels ont affirmé que Carla Bruni avait forcément eu recours au Botox pour conserver cette fraîcheur des traits à quarante ans passés, évoquant même la possibilité qu'elle ait pu subir un lifting. Plus récemment, le *Daily Mail* a fait sensation en Angleterre en publiant des photos non retouchées de Carla Bruni. Selon un des experts interrogé pour le quotidien le 17 mars 2010, en comparant des photos actuelles à des clichés plus anciens, les joues, les pommettes, la lèvre supérieure et le nez de la première dame auraient subi des transformations. Toutefois, une nouvelle étape est franchie : jamais encore l'information n'avait été ébruitée par une source aussi proche du dossier. Même l'écrivain Justine Lévy, l'ex-compagne de Raphaël Enthoven, qui a dressé dans son livre[1] un portrait féroce de la première dame, ne s'est pas risquée à proférer noir sur blanc ses accusations autrement que dans le cadre d'un « roman ». Dans son brûlot pourtant très autobiographique, la fille de Bernard-Henri Lévy, compagne bafouée qui s'est vu ravir Raphaël Enthoven, par Carla Bruni, surnommait sa rivale « Terminator » et la décrivait en ces termes : « Quand

---

1. *Rien de grave*, 2004, Stock.

j'avais quinze ans, j'étais fascinée par ce visage parfait. Après j'ai appris qu'il était faux, qu'elle l'avait
choisi sur un ordinateur avec son chirurgien, alors
voilà, on va faire des pommettes hautes, comme ça,
en silicone, on va raccourcir le nez et rajouter un
peu de menton pour l'équilibre du profil, très bien
les yeux, rien à changer pour les yeux, mais on peut
opérer une très légère incision sur les tempes, histoire de rehausser la ligne du sourcil, qu'en pensez-
vous, quelques injections de Botox pour glacer
l'ensemble, pour les... ? Vous verrez avec mon
collègue. »

Justine Lévy s'est trompée sur un point : nul
besoin d'ordinateur pour recomposer un visage de
rêve. Un crayon et une feuille blanche suffisent.
Pour le reste, les professionnels de la mode confir-
ment tous : à les entendre, la question ne fait même
pas débat. Malgré cela, Carla Bruni nie farouche-
ment toute intervention. Le sujet est même classé
secret défense, alors qu'il n'a vraiment rien d'excep-
tionnel à notre époque. Impossible pour le mannequin, femme si fière de sa beauté, qui n'a cessé de
revendiquer sa franchise de ton et sa liberté,
d'admettre publiquement que son visage a connu
les avantages du bistouri. La première dame laisse
la presse se déchaîner sur son passé sentimental, ne
prend pas ombrage, du moins officiellement, quand
on lui invente une nouvelle fredaine, mais se braque
quand on parle de ses failles les plus profondes.
Quelques mois après son mariage, à un journaliste

de *Paris Match* qui lui a ouvertement posé la question, elle a répondu sans détour [1] : « Je ne me suis jamais rien fait refaire. Ça se voit, non ? Ce n'est pas un tabou pour moi mais cela ne m'attire pas du tout. Je ne jette pas la pierre aux femmes qui le font. Seulement je trouve que le résultat n'est pas concluant, que cela ne rend pas plus jeune… Quand on fait un lifting, on a l'air d'avoir vingt ans. Quelle que soit ma tentation de garder un visage jeune, je ne me risquerais pas dans cette voie. »

Alors, qui dit vrai ? Retour en 1983. Carla Bruni a tout juste seize ans. Le week-end, quand elle n'a pas école, elle accepte de poser gratuitement pour le photographe Thierry Le Gouès [2]. À l'époque, il est jeune assistant au studio Pin Up, à Paris. « La première fois que je l'ai vue, elle est arrivée un dimanche du mois de mars, elle était sublime. Elle avait un nez à la Gisèle Bundchen, le top-modèle brésilien actuel. » Autrement dit, un grand nez. Rien à voir avec le petit museau délicatement dessiné de la première dame. Gisèle Bundchen reconnaît d'ailleurs qu'on lui a souvent conseillé, quand elle était plus jeune, de refaire le sien, ce qu'elle a toujours refusé. Carla Bruni, elle, a manifestement franchi le pas. Irène Silvagni [3], l'ancienne patronne de *Vogue*, qui a connu Carla quand elle était adolescente, témoigne de cette aversion pour son appendice nasal : « Elle avait une silhouette inimaginable,

1. *Paris Match*, 17 au 23 juillet, 2008.
2. Entretien avec l'auteur, 13 octobre 2009, Paris.
3. Entretien avec l'auteur, 15 juin 2009, Paris.

un corps absolument parfait. C'était une bombe, mais elle n'aimait pas son visage et plus particulièrement son nez. » Et d'ajouter : « Elle l'a fait refaire très jeune et cela n'a jamais été un secret. » Une amie d'enfance, qui ne tarit pas d'éloges sur la première dame de France, confirme que Carla ne supportait pas son nez, qu'elle jugeait « trop long ». Ce nez fort, signe distinctif des Bruni-Tedeschi que l'on retrouve chez sa sœur Valeria, était donc une source de douleur pour la benjamine de la famille.

Le fait de se tourner, si jeune, vers ces gourous de la beauté était aussi une affaire d'époque. Max Vadukul[1], photographe attitré du prestigieux *New Yorker*, explique : « J'ai photographié Carla à ses débuts, pour un journal allemand qui n'existe plus. Je l'avais transformée en nonne, en vue d'une série de clichés. Son visage n'était pas encore refait. Plus tard, quand je l'ai revue, son minois avait légèrement changé. Dans les années 1980, on l'oublie souvent, mais le bistouri était roi. Rappelez-vous du chanteur Michael Jackson... » Jean-Jacques Picart[2] reconnaît que la jeune Bruni a été à l'avant-garde du phénomène : « Quand elle s'est fait refaire la poitrine dans les années 1990, tout le monde en parlait. C'était inhabituel... en France ! »

---

1. Entretien avec l'auteur, 11 septembre 2009, Paris-New York.
2. Entretien avec l'auteur, 30 mars 2010, Paris.

*

Car Carla Bruni a ouvert une brèche dans laquelle un bataillon de jeunes femmes s'est engouffré des années plus tard. Personne, alors, ne songeait à s'en cacher. Carla Bruni elle-même n'a pas toujours éludé la question de la chirurgie plastique. Mieux : elle en plaisantait librement, alors même que les trompettes de la célébrité avaient déjà sonné. Les comptes rendus animés qu'elle livrait en société de ses rendez-vous avec des chirurgiens esthétiques amusaient beaucoup son auditoire. Viviane Blassel[1], l'ancienne journaliste de TF1, nous raconte, mime à l'appui, le petit numéro que leur faisait à l'époque Carla Bruni : « Elle nous montrait en rigolant comment, pour te refaire les pommettes, on te retournait l'œil. » C'était avant que le mannequin ne fabrique la carapace dans laquelle elle s'est enfermée, avant que la première dame ne réécrive son histoire... On peut rire de soi quand on a vingt ans et que la terre entière nous admire. On peut être sans complexe tant qu'on n'est pas prisonnier d'une image construite bout à bout.

« C'est dur quand on est mannequin, quand on n'existe que par sa beauté, remarque justement la journaliste de mode Janie Samet[2]. Carla était comme beaucoup d'autres de ses consœurs : elle courait après sa jeunesse. Arrivée à vingt-quatre ans, c'est l'angoisse. » Carla avait à peu près

---

1. Entretien avec l'auteur, 16 juin 2009, Paris.
2. Entretien avec l'auteur, 8 juillet 2009, Paris.

cet âge quand une ancienne mannequin, qui souhaite garder l'anonymat, l'a surprise devant son miroir, le visage couvert de petits morceaux de papier japonais : « Elle m'a expliqué qu'elle voulait apprendre à contrôler son visage. Elle s'exerçait à parler sans qu'aucun des morceaux ne tombe, en ne bougeant que la bouche. » Le « zéro rides », une véritable obsession chez Carla, qui luttait déjà contre les marques du temps avec une volonté hors du commun. Depuis, elle évite même de s'exposer au soleil.

*

À trop vouloir dompter son visage, Carla Bruni a fini, à en croire certains spécialistes, par perdre l'éclat qui l'avait révélée, prisonnière d'une sorte de masque de fer qu'elle a elle-même forgé au fil des années. Curieusement, Carla Bruni a pourtant toujours été convaincue que la beauté ne se jouait pas uniquement sur les traits, mais aussi sur l'allure. Il y a seize ans, elle a ainsi confié à un journaliste : « À treize ans [1], j'étais comme une crevette, mais j'ai découvert que la séduction n'avait rien à voir avec la beauté. J'ai pris conscience que la séduction se travaillait. » De l'allure, de la séduction, l'ancien mannequin en avait à revendre. Il faut croire que ce n'était pas suffisant.

---

1. *VSD*, 30 octobre 1994.

9

Mick Jagger, un trophée savoureux

Une femme parfaite. Il voulait une femme parfaite. Des pieds à la tête, jusqu'au bout des ongles, qu'il aimait manucurés, et en tailleur Armani, si possible. Pour le séduire, elle aurait tout fait. Lui, c'est Mick Jagger. Une amie d'enfance de Carla se souvient de la passion absolue que celle-ci, à l'âge de seize ans, vouait au célèbre chanteur des Rolling Stones : une véritable groupie qui découpait religieusement toutes les photos de la star et les collait sur les tableaux de maître pavant les murs de l'appartement familial. C'était l'époque rock'n'roll de Carla Bruni, adolescente « girly » avec ses bagues en turquoise et ses jeans délavés, mais adepte des tenues très lookées, jusqu'à se teindre, sur un coup de tête, les cheveux en blanc. L'Italienne, déjà, croquait la vie avec passion. Comme toutes les groupies de son âge, elle est tombée amoureuse de son idole. La différence, c'est qu'elle n'a pas lâché le morceau.

*

« Plus tard, je sortirai avec Mick Jagger », lâche-t-elle, alors qu'elle a dix-huit ans, à son petit ami Christopher Thompson, le fils de la scénariste Danièle Thompson. Fanfaronnade de jeunesse ou prophétie d'une jeune fille bien décidée à ne pas rater son rendez-vous avec le destin ? Car Mick Jagger n'est pas seulement l'homme sexy devant lequel se pâment les midinettes, c'est aussi une star. « Mick, c'était le vrai pouvoir », glisse le photographe Jean-Marie Périer [1]. Lui-même est l'un des rares à avoir pu tenir, en 1966, le chanteur sous la mitraille de son objectif. « C'était une star mondiale, il n'y avait pas un lieu sur terre où on ne le reconnaissait pas. J'ai vu des gens lui demander des autographes dans des patelins paumés au fin fond du Texas ! Mick obtenait n'importe quoi en un claquement de doigts. À côté, Nicolas Sarkozy, c'est rien... »

Le pouvoir... Déjà, il semble fasciner Carla, avide de conquérir le monde, si sûre d'elle-même, convaincue qu'il ne tient qu'à elle de « devenir quelqu'un ». Ce Jagger à l'aura planétaire est une cible de cœur de choix : « En un claquement de doigts », justement, il peut lui donner ce à quoi elle aspire de tout son être : la célébrité... Dans la bande, personne ne la prend totalement au sérieux. Pas plus Christopher, son petit copain de l'époque, que Johanna, Rapha et Alexia, ses meilleures amies : « Quand elle nous répétait qu'elle allait sortir avec Mick Jagger, ça faisait

---

1. Entretien avec l'auteur, 14 avril 2010, Paris.

rire tout le monde ! » confie l'une d'elles. Comment peuvent-ils imaginer, alors, que leur Carloche, la copine fêtarde, mannequin débutante encore inconnue des podiums, va mettre un jour la main sur cette icône rock adulée par le monde entier et vivre avec lui une histoire passionnée ?

*

Patiente, Carla attend son heure. L'occasion de mettre un pied dans le milieu très fermé des rock stars anglo-saxonnes se présente en 1988, lors du concert parisien des Dire Straits, un autre de ses groupes fétiches, au Zénith. En bonne groupie, elle a joué des épaules dans la fosse pour atteindre la scène. Elle se trouve au premier rang. Est-ce son allure ? Ce look qui, à en croire ses proches, affole tous les hommes ? Toujours est-il que les musiciens repèrent la belle brune, dont les yeux bleus les fixent avec tant d'intensité. À la fin du concert, un membre de l'équipe technique vient lui dire que les Dire Straits l'invitent à les rejoindre en backstage. Dans le milieu, la pratique est courante : quatre ans plus tôt, dans le vidéoclip du tube de Bruce Springsteen *Dancing in the Dark*, une fille au joli minois a été repérée dans la foule et invitée à monter sur scène par le Boss en personne. Elle s'appelait Courteney Cox… une jolie brune aux yeux bleus.

Carla, elle, a vingt-et-un ans et de l'audace à revendre. Généreuse, elle fait venir ses camarades avec elle dans la loge du groupe. Avec cet art

consommé de tisser des liens, elle charme les musiciens. Ça tombe bien : Mark Knopfler, le guitariste
du groupe, est très proche d'Eric Clapton, dont il va
partager l'affiche pendant une bonne partie de la
tournée. Carla adore Eric Clapton. Elle entame une
liaison avec ce guitariste britannique, auteur déjà
célèbre du tube *Layla*, de vingt-trois ans son aîné, qui
lui ouvre, en plus de l'affection de la star, les portes
du rock-system. Clapton est en effet l'ami de Mick
Jagger. Il lui présentera Carla… Entre la jeune Italienne et le déjà monstre sacré du show-biz, le
contact passe immédiatement. Au point que
Clapton, inquiet, en appelle à la magnanimité de
Mick, au nom de leur amitié : « S'il te plaît, laisse-la-
moi… » Trop tard, Mick Jagger est ferré : l'effronte-
rie de Carla, sa beauté languide ont fait mouche. Le
rocker est pourtant marié avec le mannequin texan
Jerry Hall, avec laquelle il a déjà deux enfants.

*

« Devine avec qui je sors ? » Une à une, Rapha,
Johanna, Alexia et les autres apprennent la nouvelle.
Quand ce n'est pas de la bouche même de Carla, qui
prend un malin plaisir à faire durer le plaisir, c'est de
l'une de la bande. « Dès qu'on a su, on a appelé les
autres pour les prévenir. » Toutes hurlent de joie en
entendant s'égrener les trois syllabes magiques :
« Mick Jagger ? Noooooooooon ! » Carla exulte. Elle
le leur avait prédit.

Le bruit de leur aventure se répand vite dans l'entourage professionnel de Carla, qui ne manque pas une occasion d'évoquer son nouvel amour. « Elle nous parlait sans arrêt de Mick, raconte la créatrice Chantal Thomass [1]. Dans les coulisses des défilés, elle était quasi la seule à parler français, alors on aimait bien l'écouter ! Elle nous racontait les week-ends qu'elle passait avec lui. » La rock star est propriétaire d'un château dans le Val de Loire, à 220 kilomètres de Paris. Le seigneur de Fourchette, du nom de la petite commune de Touraine où est établie sa propriété, y fait venir sa nouvelle amie : « Il envoyait souvent une voiture l'attendre à la sortie des défilés, poursuit Chantal Thomass. Carla nous disait : "Qu'il attende, je n'ai pas fini." Elle ne se pressait pas, elle le faisait languir, en répétant : "Je suis jeune et belle, alors il patientera." »

Le célèbre photographe de mode Max Vadukul [2] se rappelle avec précision comment la future première dame a évoqué devant lui sa liaison avec Mick Jagger. C'était dans un aéroport, en 1994. « On y faisait une séance photos pour Max Mara avec Carla, raconte-t-il. On a entendu le grondement d'un avion qui s'approchait de la piste. Carla m'a demandé : "Sais-tu qui est dans le Concorde ?" J'ai répondu : "Non." Elle m'a dit : "Mick Jagger. Et il ne vient que pour moi. Pour…" » Sans aucune

---

1. Entretien avec l'auteur, 28 avril 2010, Paris.
2. Entretien avec l'auteur, 11 septembre 2009, Paris.

gêne, le mannequin laisse planer l'impudique allusion avec un air mutin.

*

Décidément, Carla ne se lasse pas de l'effet produit par son « name dropping », dont elle use à l'envi avec tous ceux qu'elle côtoie dans le travail. Désormais, tout le monde sait la rock star envoûtée par le mannequin vedette. Mick Jagger s'accroche, même. Lui qui séduisait toutes les femmes de la terre en un grattement de guitare, qui croyait mener ses admiratrices par le bout du nez, est tombé sur un tempérament plus fort que le sien : « *Hello, it's Mick, may I speak to Carla* ? » Combien de fois les stylistes, les habilleuses et les assistants de show-room ont entendu cette phrase au téléphone. À l'époque, le portable n'existe pas encore : tout le monde sait donc quand on demande le mannequin. « Un jour, il a appelé au moins huit fois au cours d'une même séance, raconte Jean-Jacques Picart[1]. C'était dingue ! Je répondais invariablement : "Elle n'a pas encore fini." Et il rappelait une demi-heure plus tard. Je suis allé voir Carla en la suppliant de le rappeler, qu'on en termine une fois pour toutes. Mais elle m'a répondu : "Non, pas encore, nous n'avons pas fini de travailler." »

Tel est pris qui croyait prendre. Avec le mannequin, la star britannique pense avoir attrapé dans

---

1. Entretien avec l'auteur, 30 mars 2010, Paris.

ses filets une timide sirène, croit pouvoir contrôler une jeune femme de vingt-cinq ans sa cadette, mannequin parmi tant d'autres, modèle anonyme qui tentait de faire sa place dans le monde cruel de la mode. N'est-il pas, lui, le serial séducteur, le grand monsieur anobli par la reine d'Angleterre ? Erreur.

*

Jagger ne soupçonne pas qu'au jeu de la séduction celle qu'il croyait avoir conquise va dépasser le maître. Mieux, elle est devenue experte à son contact et sait parfaitement comment entretenir le feu. « Que veux-tu, il est toujours après moi, confie-t-elle un jour à Odile Sarron [1], l'ancienne directrice de casting de *Elle*, à l'époque une des femmes les plus puissantes de la mode. Il m'appelle sans cesse des États-Unis pour me dire qu'il veut me voir. Que veux-tu que j'y fasse ? » Le photographe Jean-Marie Périer [2] va plus loin encore : « Il était fou d'elle ! Il aurait divorcé pour épouser Carla. C'est elle qui n'a pas voulu. » Pendant ce temps, rappelle Odile Sarron, « Jerry Hall cherchait partout son mari… »

Pauvre Jerry Hall. Mannequin, elle navigue dans le même milieu. Pourtant, elle fut longtemps la seule à ne pas être au courant des frasques de son époux. D'ailleurs, aucun paparazzi n'a jamais publié une seule image de Mick et de Carla ensemble. « En

---

1. Entretien avec l'auteur, 20 janvier 2010.
2. Entretien avec l'auteur, 14 avril 2010.

matière de peopolisation, tu es un amateur, dira-t-elle quinze ans plus tard à Nicolas Sarkozy. Ma rencontre avec Mick a duré huit ans de clandestinité. Nous avons traversé toutes les capitales du monde et jamais un photographe ne nous a surpris[1]. » Discrète, Carla ? Elle sait aussi, quand il le faut, semer les indices. Car elle est réellement éprise de son rockeur, possessive même, et supporte mal de le partager avec une épouse légitime, avec laquelle il a, entre-temps, eu un troisième enfant. Carla, de plus en plus téméraire, n'hésite ainsi pas à louer une maison avec une amie sur l'île Moustique, où Mick Jagger vient souvent en vacances en famille dans sa propriété.

Quand elle apprend enfin la liaison de son mari, Jerry Hall est anéantie. Elle a trois enfants, quelques années de plus que Carla... Pour elle, le combat est déloyal. En rage, elle appelle sa rivale pour obtenir des explications. Avec aplomb, raconte un proche de la jeune Bruni, celle-ci dément, éloigne délicatement le combiné de son oreille et... raccroche. Carla a gagné. Qu'importe ces petits clapotis, elle a provoqué la lame de fond, celle qui se soldera, quelque temps après leur rupture, par le divorce de Mick Jagger. Grâce à lui, sa réputation est devenue mondiale. Nous sommes en 1997.

---

1. *Autobiographie non autorisée*, Jacques Séguéla, *op. cit.*

10

Des « ex » un peu encombrants

Le duplex était magnifique : 700 mètres carrés, occupés jusqu'à sa mort par le couturier Yves Saint Laurent. L'immeuble, cossu, était bien situé, près du Bon Marché, dans le très chic VIIe arrondissement parisien. La somme était presque raisonnable : pas plus de neuf millions d'euros. A priori, tout était parfait. Quand elle a visité les lieux, Mme Bruni-Sarkozy a été emballée et semblait bien décidée à l'acheter, pour s'y installer avec son mari. Oui, mais voilà. Cette adresse de prestige avait un petit défaut, un problème de voisinage rédhibitoire pour Nicolas Sarkozy, pas très enthousiaste à l'idée de vivre deux étages au-dessous de... Mick Jagger. L'ancienne rock star ne vit là que de façon occasionnelle, mais tout de même. Son esprit ouvert a des limites, alors il a dit non.

*

Carla et ses ex, c'est une véritable saga, une liste interminable de conquêtes ultramédiatisées par la suite dont les ombres continuent, décidément, de planer sur la vie de Nicolas Sarkozy. Et s'il n'y avait que leurs ombres. Depuis qu'il a épousé celle que d'aucuns présentent comme « une mangeuse d'hommes », il doit composer tous les jours avec cette encombrante tribu. Chanteurs, philosophes, avocats, patrons, hommes de presse ou de la scène politique : la cartographie de ses amours, est, il est vrai, plutôt large. Difficile, dans ces conditions, d'éviter de croiser la route des amoureux d'antan quand on évolue dans le microcosme parisien. Bien sûr, il y a Raphaël Enthoven, le père d'Aurélien, avec lequel Carla est restée en très bons termes – elle l'a même aidé à trouver un appartement, c'est dire ! « Carla est très famille, commente le conseiller Pierre Charon[1] avec bienveillance. Le dimanche à l'Élysée, on fait des grandes tablées avec les enfants de Nicolas, les oncles, les tantes... Le dimanche, Raphaël passe boire un verre quand il vient chercher son fils. » Justement, Raphaël n'était pas dérouté, lui, quand Mick Jagger venait les voir dans la maison de Saint-Germain-des-Prés qu'il habitait avec Carla au début des années 2000. « Carla vivait comme une amazone, raconte le photographe Jean-Daniel Lorieux[2], leur voisin de l'époque – lui-même un ancien fiancé de... Cécilia –, avec lequel

---

1. Entretien avec l'auteur, 27 août 2009, Paris.
2. Entretien avec l'auteur, 28 avril 2009, Paris.

les Bruni-Enthoven partageaient la même maison. Un jour, j'ai surpris Jagger dans la chambre d'un de mes enfants en train de griffonner ses initiales sur un tee-shirt à l'effigie des Rolling Stones ! » Car une chose est sûre : aimer Carla Bruni veut dire accepter de voir aussi les ex. La belle Italienne adore théoriser. Sur son incapacité à couper les liens avec les anciens de sa vie elle a une phrase toute faite : « Je ne quitte jamais tout à fait, comme je ne suis jamais tout à fait avec les gens. Je ne suis pas une tisseuse de liens, mais le peu que je tisse, je le garde [1]. »

*

Un soir de février 2004, après un concert donné par Carla aux Bouffes du Nord, les amis sont conviés à passer la soirée chez Vincent Pérez, encore un ex. Se retrouvent dans le somptueux appartement de ce dernier, avenue Montaigne, sa compagne Karine Silla bien sûr, mais également Charles Berling, Louis Bertignac et Raphaël Enthoven. Sur la vingtaine de convives, au moins quatre personnes ont partagé la vie de la belle Carla. « Le plus drôle, raconte une invitée, était l'ambiance sage de cette soirée. On aurait dit des adolescents. Rien à voir avec l'ambiance déjantée que je m'étais imaginée. C'était assez bon enfant, avec, pour certains

---

1. *Carla Bruni, itinéraire sentimental*, Christine Richard et Edouard Boulon-Cluzel, 2008, Éditions Privé.

convives, un peu d'herbe, comme dans les boums des collégiens. Les mêmes musicos attendaient des "space cakes" qu'un des musiciens devait apporter. »

À l'époque, Nicolas Sarkozy ne sait pas encore qu'il va intégrer cette joyeuse tribu. Les Français non plus. Ils découvrent la nouvelle « famille » de leur président l'été 2009, quand celui-ci part se reposer au cap Nègre. Dans la luxueuse propriété de sa belle-famille il y a : Raphaël, mais aussi l'acteur Vincent Pérez et le chanteur Louis Bertignac, tous les trois invités sous le même toit par Carla. Les habitants s'étonnent de voir leur président à peine remis de son malaise vagal pédaler côte à côte avec Pérez dans l'arrière-pays ou faire trempette avec Bertignac. En bons camarades, comme si c'était la chose la plus naturelle du monde.

Les habitants du Lavandou et des environs, eux, ne sont pas surpris. Voilà vingt ans que ce ballet estival de célébrités se rejoue sous leurs yeux. « Vous savez, ici, nous avons vu défiler tous ses amis… », confient, un brin sarcastiques, les commerçants de ce petit village du Var. Ils se souviennent même d'un chanteur à gros succès, qui restait enfermé dans son hôtel quatre étoiles, le Club de Cavalière, et ne sortait se balader sur la plage au bras de Carla qu'à la nuit tombée. Certes, ils reconnaissent que c'est un peu différent aujourd'hui. Ce qui les dérange, c'est plutôt le ramdam provoqué par le séjour présidentiel : les services de sécurité omniprésents, les voitures de police, qui bloquent la rue principale du Lavandou, les embouteillages monstrueux qui en résultent... En dehors de ces quelques nuisances, ils ne sont pas surpris, non, de croiser Nicolas Sarkozy à bicyclette. À peine certains locaux, à Pramousquier, marquent-ils l'arrêt en le voyant discuter le bout de gras à la pizzeria A gogo. « Ah oui, c'est vrai, se disent-ils, c'est lui le nouveau compagnon de Carla... »

*

Il faut reconnaître à la nouvelle première dame ce don de fédérer autour d'elle des hommes qu'elle a pourtant quittés. Des amis malheureux qui se sont consumés pour cette Italienne au tempérament volcanique et dont certains se sont effondrés quand elle leur a donné congé. L'avocat Arno Klarsfeld ? Les épisodes de leur relation tumultueuse ont défrayé la chronique. « Quand il y avait dispute, les assiettes volaient dans l'appartement ! » La directrice de casting Odile Sarron se souvient, elle aussi, de ces épisodes douloureux : « Quand on dînait toutes les deux, Arno faisait tous les quartiers de Paris pour la retrouver. » Klarsfeld, à bout, a confié à Jack Lang [1] : « C'est une vraie tigresse, tu sais... » quand il a appris le mariage présidentiel. Et l'avocat qui est aujourd'hui un des conseillers de François Fillon sera invité à l'Élysée lors de la première

---

1. Entretien avec l'auteur, 2 septembre 2009, Paris.

réception donnée par Carla Bruni pour Shimon Peres. Le journaliste Alain Chouffan[1] raconte : « Un jour, je croise Carla Bruni Sarkozy à une réception et je lui dis : "Demain, je dîne avec Arno. — Embrasse-le pour moi", me dit-elle. » En outre, explique le journaliste, « Nicolas Sarkozy est très intelligent. Il a compris que c'était une femme libre et qu'il fallait lui laisser son indépendance s'il voulait la garder ». L'acteur Charles Berling ? Il a longtemps semblé désespéré après la séparation. Un proche se souvient d'un dîner d'affaires avec les responsables de la marque Suzuki dont Carla était l'égérie en 1999. « Elle est arrivée au bras de Charles Berling. Nous n'étions que six lors de ce repas. L'acteur n'a jamais décroché un mot. Il regardait Carla avec les yeux enfiévrés, comme fasciné. On a compris qu'il allait souffrir. » Sans en nourrir aucune rancune, neuf ans plus tard, il a eu le droit d'investir l'Élysée pendant une journée pour le tournage de son téléfilm sur Robert Badinter. « Carla m'avait invité à boire le thé, a-t-il confié à nos confrères du *Figaro Madame*[2], mais entre-temps elle et son mari étaient partis en week-end au Maroc. »

L'éditeur Jean-Paul Enthoven ? Elle l'a blessé, en partant au bras de son propre fils, Raphaël. Une morsure à l'âme que Justine Lévy, l'épouse délaissée par le même Raphaël, a racontée à sa manière dans

---

1. Entretien avec l'auteur, 15 février 2010, Paris.
2. *Madame Figaro*, 19 août 2008.

son roman pour le moins autobiographique. Des amis proches des protagonistes racontent comment Carla Bruni a séduit Raphaël dans le bassin du ryad de BHL à Marrakech : « Ils ont passé la journée dans l'eau. Tout le monde les regardait. Arielle Dombasle avait beau crier : "À table !", les deux amoureux n'ont pas quitté le bassin. » Pourtant, lors du pince-fesses organisé à l'Institut culturel italien à Paris le 27 septembre 2008, on pouvait voir Nicolas Sarkozy au bras de son épouse, plus loin Jean-Paul Enthoven, son fils Raphaël ou Bernard-Henry Lévy, le père de Justine. Les mêmes se sont retrouvés au mariage de Christophe Barbier, le directeur de la rédaction de *L'Express*, le mois suivant. Seul absent de cette cérémonie, Nicolas Sarkozy. Mais Barbier[1] précise : « Il était invité mais en voyage officiel. Il m'a gentiment passé un coup de fil pour me féliciter. »

*

« C'est une vraie Don Juane, résume Odile Sarron. Je n'ai jamais connu une femme qui avait cette séduction totale. » Le paparazzi Pascal Rostain plaide pour la sincérité de sa « Carloche »[2] : « J'ai vu Carla avec Arno, Raphaël puis avec Nicolas (ndlr : Sarkozy) et elle est toujours la même. Amoureuse, totalement amoureuse. Des bisous, des mamours,

---

1. Entretien avec l'auteur, 27 août 2009, Paris.
2. Entretien avec l'auteur, 10 mars 2010, Paris.

des je t'aime mon amour. Elle les entoure de tendresse. C'est une fleur bleue. »

Tout de même, que ce parterre d'hommes continue de graviter, encore aujourd'hui, dans la sphère
Bruni, paraît à certains étonnant. Beaucoup,
comme Charles Berling, ont pardonné. D'autres,
même, ne tarissent pas de louanges, dans les dîners
en ville, voire reprennent, comme Vincent Pérez,
une chanson de la chanteuse pour la bande-son de
leur film, prodiguant même quelques conseils, tel
Luc Ferry [1], à Nicolas Sarkozy.

Leur « ex », il est vrai, a le don de panser leurs
plaies. Dans le monde merveilleux de Carla Bruni,
on sourit après la défaite, on enrobe, on reste bons
amis quoi qu'il arrive. Et on donne l'exemple, en
faisant des ronds de jambe avec les ex de son mari.
Pierre Charon [2] raconte la scène stupéfiante à
laquelle il a assisté lors de la garden-party du
14 juillet 2009 : « J'ai vu Carla aller serrer la main
d'une ex de Nicolas, qu'elle a félicitée pour sa très
bonne interview. J'étais estomaqué par son aplomb.
Carla s'est ensuite tournée vers moi et m'a glissé :
"C'est comme cela qu'il faut faire, Pierre." » Carla
afficha le même sang-froid teinté d'humour des
années plus tôt lors d'un dîner où se trouvaient une
jeune top-modèle, nouvelle star des podiums,
s'essayant au cinéma, et un cinéaste avec lequel elle

---

1. *Carla et Nicolas, La véritable histoire*, Valérie Bénaïm et
Yves Azeroual, 2008, Éditions du Moment.
2. Entretien avec l'auteur, 27 août 2009, Paris.

souhaitait tourner, par ailleurs un ex de la première dame. Cette dernière demande de remettre au metteur en scène un mot de sa part. Quelques jours plus tard, le mannequin, qui a oublié de donner la lettre, jette un oeil sur la missive, disant : « Alors, comme ça, on dîne avec des cruches ? ». Carla parlait d'elle-même et des mannequins en général. De son côté, Nicolas Sarkozy, à bonne école, y met du sien. Ainsi, il n'a pas hésité à accueillir à l'Élysée Gilles Bensimon [1], le photographe des stars, avec lequel sa femme a eu une courte fredaine dans les années 1990. « Le président est vraiment sympa », s'enthousiasme Bensimon. « Carla m'a montré ton travail, lui a dit Nicolas Sarkozy. C'est remarquable. Pourquoi tu ne ferais pas une photo de nous deux ? » Décidément, l'homme n'est pas jaloux. Pour Pierre Charon, cela va de soi : « C'est Carla qui lui a appris la confiance. C'est pas comme "la mère" (Cécilia) qui disparaissait des journées entières sans donner signe de vie. Carla, elle, est rassurante. »

*

Ce qui pourrait sembler moins rassurant pour le président, ce sont les comparaisons incessantes avec les ex de son épouse. Notamment avec Raphaël Enthoven. Le jeune philosophe à l'esprit ouvert, ange ténébreux, aussi, dont tous les proches, en secret, comparent la plastique parfaite au physique

---

1. Entretien avec l'auteur, 24 novembre 2009, New York.

présidentiel. Raphaël, invité à la soirée donnée par son ex-femme pour la Fondation Virginio Bruni-Tedeschi, le frère décédé de Carla, à l'Unicef. « Qu'est-ce qu'il est beau ! », a pensé ce soir-là en son for intérieur Teresa Bello [1], l'ancienne nounou de la première dame. Trente ans qu'elle n'avait pas revu sa petite Carla, et c'est la première chose à laquelle la vieille dame italienne a pensé : « C'est autre chose que le président Sarkozy... ».

Raphaël, encore, qui continue de venir passer ses vacances au cap Nègre, dans le Var, où la marchande de journaux [2], qui a vendu ses magazines à tous les amoureux de Carla, se pâme au souvenir du charmant jeune homme : « Pour moi, il est le plus adorable. Il essayait de me convaincre d'écouter France Culture, me demandait : "Vous avez apprécié mon émission ?" Très doux, toujours bien élevé... »

Et il en faut, de la confiance, quand on est l'époux, pour supporter les allusions comiques. « Avec moi, tu n'as rien à craindre... », avait soufflé Bertrand Delanoë, le maire de Paris, à Nicolas Sarkozy. Il en faut, également, pour faire face aux rumeurs, lesquelles ont tendance à gonfler la liste des prétendus ex-amants de Madame. « Denis Olivennes me l'a assuré, tient à rectifier Jack Lang : "Je n'ai jamais eu de liaison avec Carla Bruni." Moi, je n'étais même pas au courant de la rumeur. » Y compris François Bayrou, qui a prétendu, au cours d'un repas avec quelques journalistes,

---

1. Entretien avec l'auteur, 20 mai 2010, Vérone, Italie.
2 Entretien avec l'auteur, 18 août 2009, Lavandou.

le 2 décembre 2000, que la future première dame lui avait « fait du rentre-dedans » à la sortie d'une émission. Volonté macho d'en rajouter et de se faire mousser ?

Une chose est sûre : il y a de quoi, quand on est marié à une femme dont on connaît le passé de serial séductrice, craindre d'être un numéro sur la liste. Invité un jour à dîner chez Jean-Luc et Betty Lagardère, le photographe Gilles Bensimon rapporte cette scène : « Jean-Luc et moi regardions un match de foot dans les appartements privés de son hôtel particulier quand Betty, qui était au téléphone, nous a rejoints : "C'était Jean-Paul (Enthoven). Il vient dîner la semaine prochaine et devine avec qui il vient ? Carla Bruni !" La réponse de Jean-Luc a été cinglante : "Ça ne lui fait rien de savoir qu'il ne sera ni le premier ni le dernier à sortir avec elle ?" » Qu'importe ce que l'on pense d'elle. Carla n'a jamais caché son tempérament volatil. « Il faut être fidèle... à soi-même », a-t-elle professé un jour d'un air espiègle. Quand l'éditrice Sylvie Delassus a confié à Carla Bruni être mariée depuis vingt-cinq ans au même homme, Laurent Joffrin, directeur de la rédaction de *Libération*, Carla s'est exclamée : « Vingt-cinq ans avec le même homme ? Je ne comprends même pas que l'on puisse rester avec une seule personne plus de trois ans ! » Les heures du chef de l'État seraient-elles comptées ? Peut-être pas. Comme le rappelle Laurent Joffrin [1], « tout le monde a le droit de changer ».

---

1. Entretien avec l'auteur, 13 mai 2010, Paris.

11

La chanteuse ou quelqu'un m'a... écrit

« Très forte. » Le créateur Jean Paul Gaultier [1] n'a pas d'autres mots pour commenter les débuts fulgurants dans la chanson française de celle qu'il a fait défiler tant de fois par le passé. Il faut dire qu'avec son premier disque en 2002, *Quelqu'un m'a dit*, Carla Bruni a réussi l'impossible. Le triplé gagnant du carton au box-office – deux millions d'albums vendus en France et à l'étranger –, la reconnaissance du grand public et l'adoubement de l'intelligentsia française. À trente-cinq ans, l'ancien mannequin, qui s'était imposée quinze ans plus tôt sur les podiums avec la même rapidité, a remporté le deuxième grand pari de sa vie. Celui d'une reconversion professionnelle exemplaire, d'autant plus magistrale que beaucoup l'attendaient au tournant.

« Elle est arrivée à petits pas, très discrètement », explique le journaliste Gilles Médioni [2], grand reporter au service culture de *L'Express*. « L'univers de la

1. Entretien avec l'auteur, 5 décembre 2009, Paris.
2. Entretien avec l'auteur, 13 mai 2010, Paris.

musique en France est à la fois dur et fermé, pour-
suit-il. Les mannequins qui ont voulu se lancer dans
le métier, Karen Mulder par exemple, se sont toutes
cassé la figure. Carla, elle, a fait profil bas en approchant sur la pointe des pieds. »

Elle l'a fait, aussi, avec sérieux. Y mettant la
même application que pour s'imposer dans le
milieu cruel de la mode. Consciente qu'il ne suffisait
pas d'avoir des parents musiciens et de gratter une
guitare depuis l'âge de neuf ans pour devenir une
artiste accomplie. Elle qui, seize ans plus tôt, avait
confié à l'animateur Laurent Boyer, sur le plateau
télévisé de *Fréquenstar*, être une « chanteuse
moyenne », ne voulant « surtout pas en faire son
métier », s'est comportée comme une professionnelle : juste après avoir tiré sa révérence de top-
modèle, elle a commencé par prendre des cours de
chant, deux fois par semaine – ce qu'elle continue
de faire aujourd'hui. Son culot, sa persévérance et
son flair – cet art maîtrisé de rencontrer des personnes influentes au bon moment – ont fait le reste.

*

Car les hommes ont aussi joué un rôle essentiel
dans l'ascension musicale de Carla Bruni. Et ce dès
l'âge de dix-huit ans, quand, lycéenne, elle s'est
arrangée pour faire la connaissance de Louis Bertignac, pilier du groupe Téléphone. Elle a « réussi à
se procurer mon adresse », raconte celui-ci, qui
avait déménagé entre-temps. « Elle a alors soudoyé

la concierge pour qu'elle lui donne ma nouvelle adresse... Moi, j'ai craqué sur Carla instantanément, je la trouvais très belle, très intelligente, et surtout très timide [1]. »

Avec le guitariste, la « timide » lycéenne a trouvé la porte d'entrée qui allait lui permettre de s'introduire dans le milieu très verrouillé des rock stars. C'est lui qui fera plus tard les arrangements de ses deux premiers albums. « On est restés un an ensemble, poursuit Bertignac. Quelques mois après notre rupture, elle était avec Eric Clapton. »

Depuis, il y en a eu, des artistes dont elle a partagé la vie ou l'amitié. Eric Clapton, Mick Jagger... tous ont été autant de soutiens efficaces pour la future chanteuse.

*

C'est grâce à ses liens avec Goldman que Carla Bruni a participé aux soirées des Enfoirés de 1995 à 1997. « À l'époque, décrypte le journaliste Christophe Conte [2], auteur de nombreux ouvrages sur la chanson française, chanter pour les Restos du cœur était une consécration. Cela vous ouvrait les portes du show-biz et des stars populaires. »

Autant dire qu'être adopté par la bande des Enfoirés relevait du privilège. « Des chanteurs

---

1. *Le Figaro*, 21 décembre 2007.
2. Entretien avec l'auteur, 27 juillet 2010, Paris.

talentueux comme Vincent Delerm ont été retoqués, précise Christophe Conte. "Pas assez de voix", avait jugé Jean-Jacques Goldman. Quant à Étienne Daho, son refus d'intégrer cette immense famille des Restos a nui à sa carrière, au final. Carla Bruni l'avait bien compris. »

*

En 1999, quand elle a enfin voulu sauter le pas, c'est vers Julien Clerc, un autre « Enfoiré », qu'elle s'est tournée. Lors d'un dîner parisien, elle lui a confié qu'elle écrivait des chansons en cachette depuis des années. Le chanteur de *Femmes, je vous aime* lui a proposé de lui faire rencontrer son agent, Bertrand de Labbey. Quelques semaines plus tard, Julien Clerc a reçu par fax un texte non signé, intitulé *Si j'étais elle*. Conquis, il l'a mis en musique et a sorti dans la foulée son album éponyme, riche de cinq autres titres écrits par Carla, révélant, du même coup, la plume d'une nouvelle *song writer*.

« Je cherche toujours des parrainages, réels ou symboliques [1] », dira-t-elle des années plus tard. Parrainage... Et plus, si affinités ? Un témoin de l'époque prétend avoir vu les artistes se tenir la main pendant une soirée lors d'un dîner chez un célèbre producteur de musique à Québec, au Canada [2]. Julien Clerc était en pleine tournée mondiale. Quelques mois après, c'est encore lui qui l'a

---

1. *Les Inrockuptibles*, 16 janvier 2007.
2. Des rumeurs que le chanteur a toujours démenties.

encouragée à se replonger dans l'écriture, mais pour elle-même, cette fois.

*

Son inspiration, c'est dans les bras de Raphaël Enthoven, celui de la chanson éponyme de son premier album, qu'elle l'a trouvée. « Sans [lui], ce disque n'existerait pas, je sais ce que je lui dois », a-t-elle confié à *Paris Match*[1]. Car le philosophe, qui anime une émission sur France Culture, l'a beaucoup aidée dans l'écriture de ses chansons. « Pendant l'enregistrement de son album, elle l'appelait très souvent, raconte Christophe Barbier[2], le rédacteur en chef de *L'Express* et ami proche de Raphaël. Elle lui demandait son avis sur tout. »

Son compagnon lui a également présenté la plupart des journalistes qu'elle fréquente aujourd'hui : Christophe Barbier, mais aussi Philippe Val, le patron de France Inter, ou encore Laurent Joffrin, à *Libération*. Grâce à ses nouvelles relations, Carla Bruni, qui n'avait, jusque-là, jamais été prise au sérieux dans la presse nationale, est entrée par la grande porte dans le cercle très fermé de l'intelligentsia parisienne. Passant du même coup du statut de mannequin frivole à celui d'auteur-compositeur et d'intellectuelle engagée. « C'est à ce moment

---

1. *Paris Match*, 4 mars 2004.
2. Entretien avec l'auteur, 27 août 2009, Paris.

qu'elle a commencé à se dire de gauche, note au passage un ancien producteur. Exit la jet-setteuse millionnaire qui n'hésitait pas à confier au *Parisien* son "bonheur d'habiter à Monaco, une ville si sûre avec tous ces policiers". Place à la nouvelle Carla Bruni, qui a troqué ses décolletés contre des cols roulés.

*

« Là où Carla est forte, analyse le critique musical Pierre Siankowski [1], l'un des journalistes du magazine *Les Inrockuptibles*, c'est qu'elle a très bien et vite identifié les personnes qui comptaient dans le milieu où elle souhaitait évoluer. Elle sait parfaitement sur quel bouton appuyer et intègre rapidement les règles du jeu. Avec un certain cynisme, elle sait qui séduire. »

Christophe Conte [2], à l'époque chef de la rubrique World-Jazz-Chanson aux mêmes *Inrocks*, se souvient d'avoir vu débarquer au journal l'un des rédacteurs en chef brandissant le CD de Carla : « C'est un chouette album, m'a-t-il dit. En plus, c'est un projet indépendant qui ne marchera sûrement pas, mais vraiment, ça serait bien qu'on lui consacre notre couverture. » « Moi, explique Christophe Conte, je préférais l'artiste nigérian Fela Kuti, qui avait été l'une des personnalités musicales

1. Entretien avec l'auteur, 28 juillet 2010, Paris.
2. Entretien avec l'auteur, 27 juillet 2010, Paris.

les plus importantes du continent africain avec une cinquantaine de disques à son actif. » L'enjeu est important. Car *Les Inrocks* est un de ces magazines prescripteurs qui font la pluie et le beau temps sur la scène musicale. « C'est vrai que nous sommes de véritables créateurs de buzz, résume Pierre Siankowski [1]. Pour un chanteur, nous avoir derrière soi garantit souvent des articles dans *Télérama* et *Libération*, et vice versa. » Finalement, la chanteuse a dû se contenter d'une apparition en médaillon sur la couverture consacrée au maître de l'afro-beat nigérian [2].

Mais ce n'était que partie remise : Carla Bruni et sa sœur, la réalisatrice Valeria Bruni-Tedeschi, ont fait la une des *Inrocks* six mois plus tard [3], la première se voyant même gratifiée du label « jeune talent prometteur ». Une gageure pour une débutante.

*

En choisissant d'être produite par Naïve, une petite maison indépendante, cette dernière a, là encore, eu le nez creux. « Ils étaient supercontents d'avoir dans leur écurie une fille célèbre qui connaît la terre entière, raconte un musicien. C'était la star de Naïve. Avec eux, elle a eu la garantie d'être traitée comme une reine. Chez un gros producteur, elle aurait été une chanteuse parmi d'autres. »

---

1 Entretien avec l'auteur, 28 juillet 2010, Paris.
2 *Les Inrockuptibles*, 27 novembre 2002.
3. *Les Inrockuptibles*, 16 avril 2003.

Forte du succès phénoménal de son premier disque, Carla Bruni a cherché à capitaliser sur ce personnage de jeune chanteuse simple et dans le ton, en continuant, notamment, de tisser son réseau. Sa nouvelle cible ? L'artiste Jean-Louis Murat. Impossible, cette fois, d'accoster le chanteur lors d'un dîner mondain : l'homme, qui vit une grande partie de l'année à Rochefort-Montagne, dans le Puy-de-Dôme, a une réputation d'ours. C'est donc en allant le saluer dans sa loge à la fin d'un de ses concerts qu'elle lui a mis le grappin dessus. Artistiquement parlant, s'entend. Car le brun ténébreux a jeté d'emblée les bases de leur future collaboration artistique : « Ma chère Carla, a-t-il dit la première fois qu'il lui a parlé au téléphone, vous êtes un prédateur, mais, sur moi, il n'y a pas marqué lapin de garenne [1]. » Cela étant posé, Jean-Louis Murat lui a non seulement écrit une chanson, « Ce que tu désires », mais l'a aussi invitée à poser sa voix feutrée sur trois chansons de *Mockba*, son album paru en 2005.

*

Décidément, Carla Bruni n'a jamais été une artiste solitaire. Deux ans après que Raphaël l'a quittée, les mauvaises langues ont prétendu que l'absence de son compagnon était pour beaucoup dans le flop de son deuxième album, *No Promises,*

---

1. *Les Inrockuptibles*, 30 mars 2005.

sorti en 2007. Certes, Bertignac était toujours à ses côtés pour la réalisation, mais côté plume, elle a avoué avoir été en manque d'inspiration. Résultat : elle s'est contentée de mettre en musique des poèmes anglophones.

Un an plus tard, son troisième opus, *Comme si de rien n'était*, a eu un peu plus de succès. Surtout, il a bénéficié de la plus grande couverture médiatique du monde : c'est normal, elle était devenue, entre-temps, l'épouse du président de la République.

Cette fois, elle s'est passée des services de Bertignac. Aux piques que ces vieux complices se sont lancées par voie de presse, on a compris qu'il y avait eu brouille. À preuve, les propos sarcastiques tenus par l'ancien guitariste de Téléphone, quatre jours après la sortie du disque de la première dame, à propos de son couple : « Elle adore cette situation parce que c'est intéressant pour elle. (…) Il y a des choses qui montrent qu'elle aimerait être la femme la plus connue du monde[1]. » Depuis, Louis et Carla se sont réconciliés.

Mais il n'a pas été le seul, dans le milieu artistique, à marquer ses distances avec la nouvelle Mme Sarkozy. Benjamin Biolay, fils d'ouvrier qui n'a jamais caché ses opinions de gauche, en fait partie. « Biolay est le plus radical des artistes et il adore la politique, rappelle Christophe Conte, le chroniqueur des *Inrocks*. Il a été surpris de la

1. *Le Parisien*, 15 juillet 2008.

retrouver dans cette position de femme d'un chef de l'État si à droite. Carla fréquentait Marianne Faithfull... Alors la retrouver avec les Balkany des années plus tard, c'est un peu étrange. Au fond, c'est le seul qui a osé dire tout haut ce que beaucoup dans l'entourage de Carla Bruni pensent tout bas. » Interviewé par un magazine culturel – l'entretien n'a finalement jamais été publié –, Biolay est allé jusqu'à confier en « off » qu'il n'avait pas osé lui dire en face qu'elle était « mariée avec un gros c... ». Au journal espagnol *El Mundo*, en revanche, il a été plus précis, qualifiant la politique de Nicolas Sarkozy de « catastrophe terrible », de « véritable honte »[1] et voyant dans Carla Bruni « l'opportuniste chanté par Jacques Dutronc ».

*

Propos de jaloux ? Pas sûr. Aujourd'hui, Carla fait du cinéma. Quand Woody Allen a reçu la Légion d'honneur à l'Élysée, le 20 juin 2009, la première dame, présente au côté de son époux, en a profité pour arracher au réalisateur new-yorkais la promesse de la faire tourner dans son prochain film. Longtemps hésitant, ce dernier a fini par lui trouver un tout petit rôle.

Le cinéaste américain a posé ses caméras à Paris durant l'été 2010. Las ! les premiers essais de Carla Bruni actrice n'ont guère été concluants : pas moins

---

1. *El Mundo*, décembre 2009.

de trente-cinq prises ont été nécessaires pour mettre en boîte une seule scène, dans laquelle Carla Bruni n'avait pourtant aucune réplique parlée. Il semblerait qu'elle ne soit pas arrivée à détacher son regard des caméras. Le retard de tournage qui en a résulté a provoqué l'exaspération de certains acteurs du film. Comme Marion Cotillard, obligée de décaler ses vacances. Carla Bruni s'est même fendu d'un message à la comédienne oscarisée : « Je suis vraiment désolée, a-t-elle dit. C'est vrai qu'être actrice, c'est un métier, et je débute. » Et s'il n'y avait que ses performances en cause... À minuit, Nicolas Sarkozy a débarqué sur la scène du tournage avec ses gardes du corps, provoquant un mini-esclandre au cours duquel le président a voulu jouer du poing avec des paparazzis un peu trop pressants. C'est Carla Bruni elle-même qui a dû calmer son époux : une catastrophe pour Woody Allen, qui était dans tous ses états.

« On a atteint les limites d'une artiste qui veut tout faire et qui finit par mal faire, résume le journaliste Christophe Conte. Dans un sens, Carla est le contraire de Benjamin Biolay, qui est à la fois un excellent acteur, musicien et chanteur. » L'ancien mannequin a, certes, fait ses preuves dans la chanson, mais son apprentissage de comédienne est loin d'être terminé. Loin d'être découragée, celle-ci pourrait bien faire une apparition au générique de la série américaine *Les Experts*. Le titre, au moins, aura sans doute l'heur de plaire à son mari.

12

Carla et les journalistes

On connaît les rapports tout à la fois passionnels, séducteurs et autoritaires que le chef de l'État entretient avec les médias, en particulier français. Le doute plane, en revanche, sur les relations entre son épouse et les journalistes. Ceux qui ont croisé le mannequin ont apprécié son sens du spectacle. Ceux qui ont côtoyé la chanteuse en gardent le souvenir enchanté d'une personnalité aussi charmeuse qu'insaisissable. Quant à ceux qui ont interviewé la première dame, ils vantent sa « décontraction[1] », sa « liberté de parole[2] », ses « réponses sans détours[3] » et sa personnalité « sans tabous[4] ». Mais tous décèlent en coulisse un sens achevé de la séduction, contrôlé au battement de cils près, avec une maestria, un calme apparent dont son impulsif mari gagnerait parfois à s'inspirer. « Carla est

1. *L'Express*, 14 février 2008.
2. *Le Figaro Magazine*, 11 juillet 2008.
3. *Marie Claire,* 1er septembre 2008.
4. *Elle*, 12 juillet 2008.

séductrice comme une chatte, maligne comme un singe et froide comme un serpent », résume Jean-Jacques Picart, dont la description colle à merveille à la façon qu'a Carla Bruni de se comporter avec les médias.

*

De fait, cette surdouée de la communication, qui lit tout ce qui s'écrit sur elle, impressionne les plus aguerris des journalistes. Au premier abord, son naturel désarme. Un jeune reporter reçu par la première dame de France n'a ainsi vu aucune malice quand son hôtesse est gracieusement montée sur une échelle pour récupérer un livre dans sa bibliothèque où livres reliés et collection La Pléiade annoncent le ton... laissant apercevoir un début de sous-vêtement.

Un confrère expérimenté, dans un grand hebdomadaire, a succombé lors de sa première interview de la chanteuse, à la sortie de son premier album : « J'avais rendez-vous chez elle, dans le XVIe arrondissement, à Paris. Comme il y avait du monde dans la maison, Carla m'a demandé de la suivre dans sa chambre pour que l'on soit plus au calme. Nous avons fait l'interview, elle allongée sur son lit et moi assis sur le rebord. » Encore aujourd'hui, le journaliste ronronne de plaisir en évoquant la scène.

Même quand elle fixe rendez-vous hors de chez elle, Carla Bruni a le don de recréer cette atmosphère si personnelle. D'un seul regard, elle a un jour hypnotisé un grand reporter du *Nouvel Observateur*, auquel elle avait fixé rendez-vous au Flore, le célèbre café de Saint-Germain-des-Prés à Paris : « Elle me regardait de ses beaux yeux bleus, en parlant d'une voix douce. Très rapidement, elle m'a raconté des choses très personnelles sur sa vie, et s'est confiée sur son père biologique, qui vit au Brésil. »

*

Enrobée dans un grand numéro de charme, cette franchise a le mérite d'être efficace. « Carla sait créer une intimité immédiate, raconte un proche de la première dame. Elle, la femme si riche et si célèbre, se confie et donne même très facilement son numéro de portable. Elle paraît toujours très attentive à vous. » Attentive, voire amicale, au point de passer un coup de fil au rédacteur en chef d'un magazine pour lui demander d'embaucher « ce formidable journaliste qui n'a toujours pas de CDI : quel dommage... » Moins ingénue qu'il n'y paraît, Carla Bruni a parfaitement compris les codes de la presse. En 2005, comme nous le révèle Frédéric Allary [1], l'ancien directeur financier du mensuel *Les Inrocks*, Carla Bruni donnera un chèque d'un montant avoisinant les 40 000 euros à l'Association des amis des *Inrocks* : « À l'époque, nous cherchions 1 million d'euros pour renforcer le capital du journal. Carla Bruni, mais également la styliste Agnès B et Denis Olivennes, à l'époque patron de la FNAC,

---

1. Entretien avec l'auteur, 28 juillet 2010, Paris

ont dit banco. Ces personnalités, des inconditionnels historiques du magazine, ont proposé naturellement de nous aider. Carla a souhaité faire partie du tour de table, en toute discrétion. Le fait qu'elle n'ait jamais voulu que cela se sache est tout à son honneur. » Avec cette participation à fonds perdus, l'ancienne chanteuse, qui a été soutenue dès les débuts de sa carrière par le mensuel, prouve à quel point sa connaissance des médias qui comptent est parfaite.

Sa connaissance des journalistes aussi. Cette proximité sincère qu'elle installe avec les journalistes, François Fillon en garde un souvenir ému. Derrière cet homonyme du Premier ministre se cache le jeune rédacteur en chef de *Macadam*, le journal vendu par les SDF dans le métro : « Un de nos reporters bénévoles qui connaît bien Carla Sarkozy – il suit l'Élysée pour le magazine *Le Point* – m'a proposé de faire l'intermédiaire et de me la faire rencontrer. Elle a dit oui assez rapidement, confie-t-il [1]. Nous nous sommes donc rendus chez elle à Paris. Un collaborateur nous a ouvert la porte et nous avons été conduits dans le salon où nous attendait Carla Bruni-Sarkozy. Elle voulait tout savoir sur *Macadam*. Son téléphone sonnait, mais elle n'a jamais voulu décrocher, ce qui est très élégant de sa part. Elle nous a parlé d'un SDF qu'elle connaissait un peu et toute l'interview a tourné autour de ça. »

---

1. Entretien avec l'auteur, 28 avril 2010, Paris.

La première dame a ainsi fait la une de *Macadam* en décembre 2009. Heureux de ce bon coup éditorial, François Fillon a fait tirer à 20 000 exemplaires son journal. Hélas, il n'en a vendu que 10 000. Soit le nombre habituel.

*

Sincère, spontanée, concernée : cette image, la chanteuse a continué de la peaufiner à mesure qu'elle prenait ses marques à l'Élysée. Aidée dans un premier temps par Pierre Charon, le conseiller en communication de Nicolas Sarkozy.

Conscient de l'image sulfureuse et de la liberté de parole dont était coutumière l'ancien mannequin, Charon l'a coachée de très près, lui évitant les faux pas. Filtrant les demandes d'interview émanant de journaux dans lesquels Carla Bruni n'avait pas, jusque-là, l'habitude de s'afficher. L'escortant lors de ses premiers rendez-vous avec les journalistes politiques.

Surtout, c'est lui l'artisan de la phase 1 dans la construction de l'image de « Carla présidente » : modeste, gentiment effacée, fille de bonne famille. On lui doit par exemple, dans cette perspective, la une du *Figaro Madame* du 28 mars 2008, intitulée « La discrète » : « Nous avons trouvé l'idée ensemble avec Alexis Brezet, directeur de la rédaction du *Figaro Madame,* dit Pierre Charon[1]. Carla

---

1. Entretien avec l'auteur, 27 août 2009, Paris.

m'avait prévenu : "Tu ne le sais peut-être pas mais on va dire beaucoup de choses sur moi, sur ma vie passée. Des choses, des photos vont ressortir." Alors il a fallu l'aider à donner une nouvelle image d'elle auprès des Français. Celle d'une jeune femme timide par exemple... »

*

Cet apprentissage de la communication présidentielle n'a pas été sans heurts. Carla Bruni n'a pu s'empêcher, parfois, de prendre trop à cœur les propos dont elle était l'objet, en réagissant de manière disproportionnée. Le photographe Pascal Rostain [1], qui l'accompagnait lors d'un voyage officiel à New York en septembre 2008, raconte ainsi l'avoir vue blêmir de rage à la lecture d'un article de *Libération* évoquant une séance de shopping (qui s'est limitée en réalité à l'achat d'une peluche pour son fils) entre deux visites à l'ONU : « Carla a appelé le reporter pour lui dire que c'était scandaleux et lui a reproché de la faire passer pour une cruche. » Personne n'en aurait jamais rien su si Nicolas Sarkozy, solidaire de son épouse, n'avait, plus tard, fusillé du regard le journaliste en pleine conférence de presse à New York.

Depuis, la première dame a appris à se discipliner. Toujours prompte à décrocher son téléphone pour signifier son mécontentement à un journaliste

---

1. Entretien avec l'auteur, 10 mars 2010, Paris.

un peu trop insolent – à la rédaction du *Parisien* notamment –, elle le fait de façon plus diplomatique. Colombe Pringle[1], directrice de la rédaction de l'hebdomadaire *Point de vue*, s'en amuse encore. Ancienne grand reporter à *L'Express*, ex-rédactrice en chef de *Vogue*, cette élégante brune au sourire mutin a connu Carla Bruni à l'époque où celle-ci défilait sur les podiums. Depuis son mariage présidentiel, la journaliste a souvent eu l'occasion de l'avoir au téléphone : « Pour parler de tout et de rien, jusqu'à ce qu'elle commence un jour à me reprocher la façon dont elle était traitée par le journal. Ce qu'elle a fait sans se départir de ce même ton charmeur : "Chère Colombe, j'aime beaucoup vos pages Culture. C'est ce que je préfère dans votre journal." » Le sous-entendu était clair. « Carla aime procéder par allusions, explique Colombe Pringle. C'était sa manière à elle de faire comprendre qu'on devait se contenter de parler des châteaux et des reines. Ce qu'elle désapprouvait, c'était mes éditos, parfois jugés trop critiques, ainsi que les articles tels que celui dans lequel on la comparait à Marie-Antoinette. »

*

Enrobant sa volonté de fer dans sa voix de velours, Carla Bruni répugne, il est vrai, à employer la manière forte. Et préfère, en cas de nécessité, confier

---

1. Entretien avec l'auteur, 28 mai 2010, Paris.

à certains de ses proches le soin de monter au créneau de façon plus abrupte. Parmi eux : le conseiller Grégoire Verdeaux, l'un des responsables de la Fondation Carla Bruni-Sarkozy. C'est à travers lui que Colombe Pringle a fait les frais de la colère de Carla Bruni quand *Point de vue* a évoqué la nouvelle vie de Rachida Dati et, notamment, la fondation humanitaire C'est à vous créée par l'ancienne garde des Sceaux : « Votre journal est un torchon, lui a-t-il reproché. C'est une honte de comparer les deux fondations, elles n'ont rien en commun. » Vexée, la première dame n'a jamais digéré l'affront.

D'autant moins qu'elle n'a plus à ses côtés, depuis 2009, l'efficace Pierre Charon qui avait déjà en tête la phase 2 du plan de communication : « vendre » une épouse de président consciente d'avoir été gâtée par la vie mais décidée à en faire profiter beaucoup de gens moins chanceux. Las ! Mme Bruni-Sarkozy a retiré sa confiance au lucide conseiller Charon et confié sa communication à Véronique Rampazzo, son ancienne bookeuse, comme on appelle dans la mode les agents de mannequin. Directrice du département femmes de l'agence parisienne Marylin, cette Turinoise connaît l'ancien top-modèle depuis vingt-cinq ans. Quand la première dame a décidé de s'émanciper des conseillers de l'Élysée et de renforcer son staff personnel avec des personnes choisies par ses soins, c'est à cette amie de toujours qu'elle a confié la gestion de son image. Chargée des relations médias et de faire le lien avec l'équipe, l'agenda et les activités du chef de l'État, Véronique Rampazzo, sorte de superintendante, filtre toutes les demandes des journalistes. Impossible d'accéder à la première dame sans son aval.

Avec elle, Carla Bruni souhaite tout maîtriser. Et éviter, peut-être, de connaître à nouveau un épisode comme celui relaté, en février 2009, par la journaliste américaine Elaine Sciolino dans le *New York Times*. L'épouse du chef de l'État l'avait personnellement invitée à la suivre lors de son voyage au Burkina Faso pour sa fondation. Or la reporter, guère habituée à l'autocensure de certains médias français, a raconté dans les moindres détails ce séjour africain, n'oubliant pas de retranscrire les propos les plus anodins de la première dame de France : « Oh ! Je suis habillée en jeans ! s'était exclamée celle-ci en atterrissant dans ce pays ravagé par la pauvreté. Mais au moins, cela ne se voit pas tant que ça [...]. » Ou encore : « L'acteur Daniel Craig est beau, mais Sean Connery restera le plus sexy des James Bond. » Autant de remarques quelque peu incongrues, lancées entre deux visites d'hôpitaux dans la brousse, qui ne donnaient pas de leur auteur une image très sérieuse. Certes, cette interview a peu été reprise dans la presse française, mais elle a conforté Carla Bruni dans l'idée de se prémunir à tout prix contre les mauvaises surprises.

*

Depuis, elle n'accepte donc de répondre qu'aux questions des journalistes travaillant pour des journaux « amis ». Ou à ceux qu'elle connaît bien.

Christophe Barbier[1], le directeur de la rédaction de *L'Express*, en fait partie. Il est même l'un des rares à assumer publiquement son « amitié » avec la première dame. « Je l'ai rencontrée quand elle était avec Raphaël Enthoven, son ancien compagnon », nous explique l'homme à l'éternelle écharpe rouge, qui en a d'ailleurs reçu une en cadeau de Carla. À l'époque, Christophe Barbier et Raphaël Enthoven jouaient dans la même troupe de théâtre. « La première fois qu'il m'a présenté sa compagne, j'ai été très impressionné : belle, célèbre, très gentille, elle avait tout pour elle. Après leur séparation, je ne l'ai plus revue. » Quand Carla Bruni a épousé le président, le journaliste l'a recontactée. « Depuis, elle m'appelle régulièrement : je lui donne mon avis sur des sujets qu'elle ne maîtrise pas forcément. » Et d'ajouter : « Elle est venue à mon mariage et a lu un texte de Houellebecq, celui que préfère mon épouse. »

D'autres journalistes ont noué des relations plus privilégiées encore avec l'ancienne mannequin. C'est le cas de Ludovic Perrin, collaborateur du quotidien *Libération*, pour lequel il a réalisé, entre autres, une série de portraits d'artistes. Lui aussi est un « ami » de Carla Bruni. Dès les premières secondes de notre entretien téléphonique[2], ce dernier demande étrangement en préambule : « Mais quel genre de portrait souhaitez-vous réaliser ? »

---

1. Entretien avec l'auteur, 27 août 2009, Paris.
2. Entretien avec l'auteur, 15 décembre 2009, Paris.

Quelques minutes plus tard, Ludovic Perrin abrège l'entretien : « Bon, je vais me renseigner. Je vous donnerai ma réponse la semaine prochaine. » Plusieurs jours après, il a répondu par la négative : « Il est un peu prématuré, je trouve, d'écrire un livre sur Carla. » Le service de presse le plus rigoureux n'aurait pas fait mieux. Ce journaliste a pourtant collaboré de longues années au quotidien de la rue Béranger. En juin 2008, il a fait partie des cinq journalistes qui ont reçu la première dame pour un entretien de cinq pages. Ludovic Perrin a aussi été occupé par la corédaction du livre autobiographique de Franck Demules [1], le secrétaire particulier de Carla Bruni. Dans ce *Petit Tour en enfer*, cet homme au parcours chaotique raconte les épreuves, la drogue, la prison et... l'espoir, grâce à la rencontre des sœurs Bruni-Tedeschi, qui l'ont pris sous leur aile il y a une dizaine d'années. Aujourd'hui, Franck Demules aide sa bienfaitrice à rédiger son propre journal intime. Ludovic Perrin, lui, réalise les entretiens des amis de Carla Bruni sur le site de sa fondation...

*

En véritable professionnelle, elle a su fasciner les médias très rapidement. Laurent Joffrin [2], le directeur de la rédaction de *Libération*, nous raconte

1. *Un petit tour en enfer*, Franck Demules et Ludovic Perrin, mai 2009, Éditions du Moments.
2. Entretien avec l'auteur, 13 mai 2010, Paris.

l'interview donnée au quotidien par la première dame le 21 juin 2008 à l'occasion de la sortie de son troisième album. « C'est lors d'un dîner que l'idée est venue. Ce soir-là, j'ai rencontré Patrick Zelnik (le patron du label Naïve, qui produit les albums de Mme Sarkozy) et nous avons discuté d'un entretien dans le journal. J'avais proposé de lui donner carte blanche pour qu'elle en soit la rédactrice en chef, comme nous l'avions fait avec Diam's ou NTM. Nous en avons abandonné l'idée pour en faire un long entretien au début du journal. »

Pour Carla Bruni, l'affaire était tout à son avantage : « Zelnik était content que Carla ne soit pas totalement associée à l'UMP et Nicolas Sarkozy », explique Joffrin. Pour *Libération*, ce sont des ventes qui augmentent de 30 % et un site Internet qui explose : pas moins de 1 200 messages laissés par des internautes. Un record. Même si 80 % des lecteurs sont choqués de voir une tribune offerte par le quotidien de gauche à l'épouse du président de la République.

L'entretien a été cordial, malgré quelques salariés du journal qui ont effrayé la première dame en criant « Bruni au RMI » à son arrivée devant les portes du quotidien. « Elle est arrivée juste après avoir déposé son enfant, nous a-t-elle dit », poursuit le patron de *Libération*. « Elle a répondu à toutes les questions seule, sans l'aide de personne », confie aussi, admiratif, un des rédacteurs du quotidien. « Elle était très dans le contrôle », résume le directeur de la rédaction.

Des phrases ciselées, une franchise étonnante et un esprit de repartie très vif, cette habituée des débats a tous les atouts pour devenir la coqueluche des médias.

*

Intelligente, dans l'air du temps, Carla Bruni s'est ainsi vu proposer de devenir la rédactrice en chef exceptionnelle pas moins de trois fois au total.

La première, c'était dans le fauteuil de Michel Denisot, sur le plateau du *Grand Journal* de Canal+, en septembre 2008. La deuxième, sur RTL le 31 janvier 2010, pour le *Journal inattendu* de Harry Roselmack. Seul maître à bord ? Pas tout à fait. Dans cette édition, Carla Bruni avait été poussée à réagir sur les suites du procès Clearstream et, plus particulièrement, sur la réunion qui avait, semble-t-il, été convoquée par le chef de l'État à l'Élysée peu après le jugement. Dans le micro, la première dame, semblant très à l'aise, avait commenté en se disant « étonnée du peu d'indépendance que les médias et Dominique de Villepin attribuent à la justice française ». Pendant la coupure de publicité, toutefois, elle avait menacé de quitter la radio si ce genre de question devait se répéter dans la suite du journal… Et la troisième, pour *Le Figaro Madame*, déjà évoqué.

*

Tout de même, jamais une première dame avant elle n'avait été conviée à prendre la tête d'un journal le temps d'un numéro ou d'une émission. Une chose est sûre : depuis qu'elle a épousé le président, Carla Bruni déclenche des réactions très fortes. Et pas seulement en provoquant l'adhésion des journalistes. Car il y a ceux, aussi, qui n'écrivent que sur le président. Autrement dit : pas une ligne sur sa si célèbre épouse. Les journalistes du service politique ont fait ce choix. La meilleure façon, peut-être, de ne pas tenter le diable.

13

La chère fondation

La Fondation Carla Bruni-Sarkozy, ce 27 avril 2010, ne répond plus. Pas âme qui vive, impossible de joindre quiconque : les bureaux du 20 bis, rue La Boétie, dans le VIIIe arrondissement de Paris, ont des allures de bateau fantôme. L'explication, nous l'avons eue en appelant l'agence Ogilvy PR, chargée des relations presse du site Internet de la première dame de France : « Personne n'est là, nous a expliqué son directeur, Éric Maillard[1], car ils sont tous partis en Chine avec le vol de 14 heures. » Le couple présidentiel, en voyage officiel dans l'Empire du milieu pour trois jours, était donc escorté de certains membres de la fondation. Dans quel but et avec quel programme ? Mystère... Quelques jours plus tard, un compte rendu détaillé de ce séjour a été mis en ligne sur le site http://www.carlabrunisarkozy.org. On pouvait surtout y lire un condensé d'histoire

---

1. Entretien avec l'auteur, 28 avril 2010, Paris.

chinoise, avec l'inévitable armée de terre cuite enterrée à Xi'an, première étape du couple Sarkozy, ainsi que le mausolée de Hanyangling, à quelques kilomètres de là. Beaucoup de tourisme, donc, mais de l'illettrisme, la cause prioritaire de la fondation, en revanche, il n'en est question.

Décidément, la Fondation Carla Bruni-Sarkozy a du mal à convaincre. Un an après sa création, cette vitrine élégante paraît encore une coquille un peu vide, surtout au regard des ambitions affichées. La première dame comptait pourtant beaucoup dessus pour asseoir sa fonction et imprégner son image d'un surcroît de générosité.

*

Début 2008, la mannequin-chanteuse prévient qu'elle a besoin de temps : « Je débute dans le métier », se justifie-t-elle humblement dans *Paris Match* au lendemain de son mariage.

Pour ses premiers pas dans l'humanitaire, elle choisit le sida. « Je ne m'engage pas par hasard, ce que je fais aujourd'hui est le prolongement de quelque chose que j'ai déjà fait avec ma famille », explique, le 1er décembre 2008, lors d'une conférence de presse donnée à l'occasion de la journée mondiale de lutte contre le sida, la nouvelle ambassadrice du Fonds mondial de lutte contre le sida, la tuberculose et le paludisme. C'est ce jour-là qu'elle révèle publiquement que son frère Virginio, décédé deux ans plus tôt, était atteint de cette maladie.

Déjà, durant l'été 2007, la mère de Carla, Marisa, avait créé une fondation Virginio Bruni-Tedeschi en faveur de la lutte contre la maladie. Le célèbre directeur artistique Frédéric Farrugia[1] nous a confié comment, des années plus tôt, Carla, également à l'époque mannequin, et son amie Karen Mulder s'étaient occupées de Marc Schaeffer, un maquilleur atteint du virus au début des années 1990. « Elles l'ont accompagné jusqu'au bout, lui apportant des plateaux-repas à l'hôpital, raconte Farrugia. À l'époque, cette maladie était honteuse et les gens se détournaient de vous. Pas Carla, qui a même réglé une partie des frais d'obsèques. » C'est donc naturellement que la nouvelle première dame s'engage dans ce combat, et plus particulièrement pour la protection des mères et des enfants.

En février 2009, elle s'envole à ce titre pour le Burkina Faso, accompagnée, dans le Falcon présidentiel, de quelques journalistes triés sur le volet. Dans ce pays d'Afrique de l'Ouest, 130 000 personnes, dont près de la moitié de femmes, sont infectées par le VIH. « Je n'ai pas envie de traiter cette fonction d'ambassadrice de façon superficielle, mais en profondeur, en étant en contact avec les personnes[2] », insiste-t-elle au cours de ces vingt-quatre heures. Malheureusement, parmi les témoins du périple, beaucoup expriment une part de doute, voire de malaise, quant au manque d'implication

---

1. Entretien avec l'auteur, 24 août 2009, Paris.
2. Propos rapportés sur son site : www.carlabrunisarkozy.org.

réelle de l'épouse du chef de l'État. « Passons, raconte un des journalistes présents, sur son obsession des microbes, sur les lingettes désinfectantes dont elle ne se sépare jamais et sur ses doléances après une nuit passée à la résidence de l'ambassade de France à Ouagadougou, où elle se plaignait d'avoir été "dévorée par les moustiques". » Son comportement avec les malades étonne davantage. « Carla est l'anti-Lady Di, raconte une habituée des voyages officiels, surprise de voir l'ancien mannequin rester "en retrait" pendant la visite d'un hôpital de brousse, au cours de laquelle elle doit rencontrer des femmes et des enfants vivant avec le VIH. Elle discutait avec les patients, mais a rarement pris un enfant dans ses bras. » Un comble pour une première dame qui disait justement s'inspirer de l'ancienne princesse de Galles : « Elle [Lady Di] embrassait les malades atteints du sida et démontrait qu'il ne fallait pas redouter la contamination, avait par exemple confié Carla Bruni à *VSD*[1]. Elle était remarquable. » Certes, Carla Bruni montre quelques bonnes dispositions pour le travail caritatif. Faisant preuve, sac Prada au bras, d'une patience infinie lors des visites prévues au programme. « Sa visite du centre médical de Pissy, à quelques dizaines de kilomètres de la capitale, a duré une demi-journée, alors qu'elle aurait pu la boucler en une heure », raconte un témoin du périple burkinabé. Mais son discours devant les

---

1. *VSD*, 18 février 2009.

représentants des ONG de lutte contre le sida et des membres du Fonds mondial montre que l'ambassadrice de charme est mal préparée à sa nouvelle fonction : « Au bout de cinq minutes, elle tournait en rond, commente l'un des participants. On se regardait tous, gênés. En fait, elle n'avait rien préparé. » Reçue ensuite par le président burkinabé, Blaise Compaoré, Carla Bruni semble alors retrouver son univers : « Dans la journée, elle n'avait posé devant les objectifs qu'une seule fois avec le personnel d'un dispensaire. Avec Compaoré, elle a tout de suite été à l'aise. Elle a même été parfaite ! »

Aux journalistes qui, à l'issue de ce voyage au Burkina, demandent quand aurait lieu le prochain déplacement, l'entourage répond : « Oh la la ! Carla est fatiguée, ce voyage l'a épuisée… »

*

Le 23 avril 2009, soit deux mois après le périple burkinabé, la première dame lance la Fondation Carla Bruni-Sarkozy, décidant, au passage, de se recentrer sur des sujets plus franco-français. « Je lui ai conseillé de s'attaquer à des actions dont on verrait les premiers résultats au bout de deux ans, le temps qu'une promo d'élèves voie le jour », confie Christophe Barbier [1], le directeur de la rédaction de *L'Express* et proche de l'ancien mannequin. Cécilia

---

1. Entretien avec l'auteur, 27 août 2009, Paris.

Ciganer, qui a dédié sa propre fondation à la maltraitance des femmes, et Michelle Obama, qui a choisi, à travers la sienne, de combattre l'obésité, ont ouvert la voie en se consacrant à de grandes causes nationales. Pour Carla Bruni-Sarkozy, ce sera la lutte contre l'illettrisme.

La recherche de locaux dignes de ce nom a pris un peu de temps. D'abord tentée par une école dans le XVIᵉ arrondissement, proche de son domicile, l'épouse du chef de l'État a décidé ensuite, sur les conseils de ses proches, de s'installer en Seine-Saint-Denis. Ce projet tombé à l'eau, elle a finalement opté pour la rue La Boétie, dans le VIIIᵉ arrondissement de Paris... À quelques brasses du siège de l'UMP. La première dame ne bénéficiant d'aucun statut officiel dans la Constitution française, sa fondation, placée sous l'égide de la Fondation de France, est totalement privée et presente des contours plutôt flous : pas de structure juridique propre, ni même de comptes à publier.

Officiellement, par exemple, la fondation n'emploie que deux salariés : une « manager », Cléa Martinet, ancienne du cabinet de Michel Barnier, et une secrétaire. « Je n'ai pas d'équipe, j'utilise celle de mon mari, qui est formidable », a informé Carla Bruni lors de la conférence de presse du 1ᵉʳ décembre 2008, le jour de l'annonce de son nouveau rôle d'ambassadrice du Fonds mondial pour le sida. Ainsi Nicolas Sarkozy a-t-il détaché auprès de son épouse Grégoire Verdeaux, son conseiller aux affaires humanitaires et à la santé publique internationale. Dans le staff de la première dame on trouve également Julien Civange, l'un de ses proches amis, à qui l'on doit notamment la conception du site Internet de la fondation ainsi que celle de dessins animés promotionnels lancés récemment lors de la campagne « Born HIV Free ». Quant aux entretiens réalisés sur le site, ils sont l'œuvre du journaliste Ludovic Perrin. Qui rétribue tous ces services ? Impossible de le savoir. Interrogés, les membres eux-mêmes restent muets sur le sujet. « Nous sommes deux à être salariés, consent à dire Cléa Martinet, mais je ne peux pas vous en dire plus. Il faut contacter Véronique Rampazzo[1]. » Grégoire Verdeaux n'est pas plus bavard. À la Fondation de France, on nous répond, embarrassé : « C'est vrai que c'est un sujet délicat. Nous n'avons pas le droit de donner des informations même si nous l'hébergeons et certifions ses comptes. » Qu'y gagne la Fondation de France, dont dépend celle de Carla Bruni-Sarkozy ? Pas grand-chose. Yves Sabouret, son président, un ancien de Lagardère, a toutefois été décoré de la Légion d'honneur par Nicolas Sarkozy en avril dernier.

*

Une chose est sûre : les caisses ne sont pas vides. Entre les deniers personnels de la richissime Italienne,

---

1. Véronique Rampazzo est la responsable du service de presse de la première dame et n'a souhaité répondre à aucune de nos questions.

les 50 000 euros octroyés par l'Élysée pour la création d'une partie du site Internet, les 150 000 euros versés par Sheila Johnson, Américaine ayant fait fortune dans la télévision, et le 1,5 million d'euros promis sur trois ans par Lancôme [1], groupe L'Oréal, comme cela a été révélé dans le cadre des nombreux rebondissements de l'affaire Bettencourt, la fondation de Carla Bruni compte beaucoup d'amis bienfaiteurs. Même s'il faut aller les chercher loin. En témoigne ce voyage éclair de vingt-quatre heures dans le richissime émirat du Qatar, rejoint dans l'après-midi par son époux, en novembre 2009. Officiellement pour promouvoir le « système d'éducation à la française ». De fait, Carla Bruni y a longuement parlé de nos grandes écoles et de nos facultés souhaitant se développer là-bas, parmi lesquelles la prestigieuse école de commerce HEC, l'institut Pasteur et l'IRCAD (Institut de recherche contre les cancers de l'appareil digestif). Comme à son habitude, elle a fait sensation lors du dîner de gala organisé en son honneur, sculptée dans une élégante robe verte et parée d'un collier de diamants. Mais ce que tout le monde ignore, c'est que la collecte de financements pour sa fondation fait aussi partie du programme. Plus tard, l'épouse de Nicolas Sarkozy confiera ainsi à un ami : « L'émir a gentiment voulu offrir une voiture de luxe : une Ferrari, je crois. Je lui ai dit que je ne pouvais pas repartir en France avec un tel cadeau dans mes

---

1. *Daily Mail*, 13 juillet 2010.

valises et qu'un chèque d'un montant équivalent pour ma fondation serait préférable. Mais bon, j'attends toujours l'argent... »

Heureusement, il y a des donateurs plus sûrs... Le 17 mars 2010, par exemple, Bruno Frisoni, le directeur artistique de la maison Roger Vivier, et son ambassadrice Inès de la Fressange, la compagne du directeur du *Nouvel Obs* Denis Olivennes, fêtent avec munificence le lancement de leur collection de sacs à main « Miss Viv ». Et ils annoncent, au milieu de la pléiade de célébrités conviées à l'événement, qu'une partie des ventes va être reversée à la Fondation Carla Bruni-Sarkozy. « Des sommes modestes », a tenu à nous préciser le service de presse de Bruno Frisoni [1].

En mars toujours, la première dame déniche également, lors d'un voyage officiel à New York avec son mari, un généreux bienfaiteur en la personne de John Paulson [2], alias « le sultan des subprimes », un « philanthrope » américain venant accessoirement d'accoster quelques mois plus tôt sur le rivage français en prenant 2 % du capital de Renault. Montant de l'écot : 500 000 euros annuels pendant... trois ans. Qu'importe l'éventuel conflit d'intérêt, puisque c'est pour la bonne cause...

*

1. Entretien avec l'auteur, 6 mai 2010, Paris.
2. www.frenchmorning.com, 30 mars 2010.

On imagine en effet qu'il faut des sommes importantes pour se rapprocher du but de la fondation, dont la mission est de « faciliter l'accès à la culture, à l'éducation et au savoir afin de lutter contre les inégalités sociales ». Néanmoins, si la première dame ne ménage pas sa peine pour rallier les mécènes, elle semble moins pressée de mettre en œuvre son ambitieux programme. Certains membres de son équipe reconnaissent qu'elle met rarement les pieds dans les locaux de la rue La Boétie, préférant organiser ses réunions à l'Élysée. D'ailleurs, elle laisse le soin à ses collaborateurs de recevoir les membres de sa fondation, telle Marie-Thérèse Geffroy, la très dynamique directrice de l'Agence nationale de lutte contre l'illettrisme.

Cette dernière[1] raconte avoir été contactée par Grégoire Verdeaux, le conseiller humanitaire, quelques mois avant la création de ladite fondation : « Il m'a dit que Carla aimerait beaucoup que l'on fasse des choses ensemble. » En février 2010, soit une année plus tard, les deux femmes se retrouvent ainsi dans le train, direction Durtal, commune rurale du Maine-et-Loire, où elles doivent rencontrer des salariés de l'usine de fabrication de palettes Francepal. « Pendant le trajet, elle m'a posé plein de questions, poursuit Marie-Thérèse Geffroy. Sur place, nous avons rencontré des salariés qui apprenaient à lire et à écrire dans le cadre de notre programme. Mme Sarkozy a parlé avec tout le monde, elle a même fait des photos avec ceux qui le souhaitaient. En partant en

---

1. Entretien avec l'auteur, 22 mars 2010, Paris.

fin de journée, elle a donné un chèque de...
7 000 euros. » Depuis, pas grand-chose. « Mais, rassure la directrice de l'Agence contre l'illettrisme, nous avons prévu d'autres actions. Je travaille d'ailleurs en étroite collaboration avec son staff. » Certes. Reste que les visites en province se font au compte-gouttes.

*

Un simple coup d'œil sur le site Internet de l'institution suffit pour constater l'activité réduite de la première dame. Entre quelques émissions sur TV5 ou la BBC World, l'inauguration de l'exposition « Sainte Russie », elle a trouvé le temps de visiter un atelier « Éducation » dans le cadre de « Révélations Lancôme », le seul vrai programme lancé par sa fondation, lequel vise à encourager des lycéens défavorisés à embrasser une carrière artistique en faisant venir, comme cela se pratique déjà dans tous les établissements de France, divers intervenants dans les classes. « Un agenda chargé », ironise un député UMP.

En réalité, Carla Bruni peine encore à trouver ses marques dans la vocation caritative traditionnelle des femmes de président. Même sa mission d'ambassadrice pour le Fonds mondial de lutte contre le sida, une cause pourtant chère à son cœur, ne semble plus guère la motiver. Après le Burkina Faso en février 2009, elle a attendu le 26 janvier 2010 pour retourner en Afrique, au Bénin exactement, en compagnie de Melinda Gates, l'épouse du fondateur de Microsoft.

Aux déplacements dans les pays du quart monde, la First Lady préfère les opérations de prestige. Pour « Born HIV free », campagne européenne de sensibilisation à la transmission du VIH de la mère à l'enfant lancée le 19 mai 2010 à l'Espace Cardin, à deux cents mètres de l'Élysée, elle enfile avec enthousiasme de jolies lunettes de vue et le tee-shirt siglé de l'opération pour commenter les petits films numériques réalisés par son ami Julien Civange. Vincent Perez, un autre ami, a été choisi pour prendre les photos de la première dame. Enfin, Agnès Cromback, la présidente de Tiffany France et accessoirement une proche du président, a, pour sa part, conçu une très jolie broche au logo de la campagne. Le buffet qui clôture la conférence de presse, sans possibilité de poser des questions à Carla Bruni, est proposé par le restaurateur du Traiteur du Marais. Comme précisé sur le site Internet du restaurateur, c'est ce même traiteur qui a été choisi en mars 2007 par la banque Barclays pour régaler « ses 150 plus prestigieux clients à un apéritif dans le passage Jouffroy, suivi d'un dîner au Salon des Miroirs ». N'avait-elle pas professé aux premiers jours de sa fondation : « Pas de bla-bla dans la philanthropie » ?

14

Une femme de gauche

« Elle m'a dit : "Tu sais, mon mari est très intelligent, tu verras, il trouvera une solution." »

Quand Christian Lacroix [1] reçoit cet appel, étrangement formulé, de Carla Bruni, en décembre 2009, il se sent d'abord soulagé, comme sauvé. Cela fait des mois qu'il attend un signe de l'ancien mannequin ayant défilé pour lui pendant des années. À deux doigts du dépôt de bilan, le styliste le plus doué de sa génération espère son aide pour sauver l'entreprise, ses cent vingt-cinq salariés, le travail de toute une vie. Des mois à attendre un soutien. Les petites mains de la maison Lacroix ont elles-mêmes pris la plume et écrit à Carla Bruni, à l'Élysée, quand elles ont appris que la faillite menaçait. Sans jamais recevoir de réponse. Rosine Delaplace [2], ancienne première dame d'atelier de Lacroix, ne cache pas aujourd'hui sa déception : « Lorsqu'on a su que la maison allait fermer, j'ai pensé

---

1. Entretien avec l'auteur, 10 juin 2010, Paris.
2. Entretien avec l'auteur, 16 juin 2010, Paris.

que Carla Bruni, que j'ai beaucoup vue à l'époque où elle était mannequin, allait nous aider. J'aurais aimé qu'elle fasse un geste, qu'elle ait au moins un mot... Mais elle n'a jamais porté de robe Lacroix en public. Elle n'a même pas assisté au dernier défilé. Nous, les petites mains, sommes comme des dinosaures », conclut Rosine, aujourd'hui à la retraite.

Pour Christian Lacroix, le coup de téléphone de la première dame de France, en décembre, tient donc du miracle. Carla laisse entendre que le ministre de la Culture, Frédéric Mitterrand, va prendre le dossier en main : « Nous voyons Frédéric ce week-end, au retour de mon mari du sommet de Copenhague – Non, non je ne l'accompagne pas là-bas, il fait trop froid pour moi », explique-t-elle suavement. Le couturier, naturellement, reprend espoir. Enfin, les choses vont se débloquer après des mois de rivalités stériles entre les deux ministres concernés. D'un côté, Frédéric Mitterrand, donc, qui a déjà reçu Lacroix quelques mois plus tôt, peu de temps après la mise en redressement judiciaire de l'entreprise. De l'autre, Christian Estrosi, ministre de l'Industrie, qui se démène et a convoqué la presse pour évoquer différentes offres de reprise. Malheur ! À peine Frédéric Mitterrand a-t-il eu vent de la publicité faite au dossier par son homologue de l'Industrie qu'il a appelé, un brin jaloux, Christian Lacroix. « Il était furieux, raconte le créateur. Il m'a dit qu'il n'était pas question qu'il travaille sur ce dossier et laisse à un autre s'attribuer le mérite de m'avoir sauvé de la faillite. »

Dans cette ambiance, l'intervention de Carla Bruni s'avère toutefois purement symbolique – sauver des emplois n'est pas chez elle une passion – et n'a rien changé. Frédéric Mitterrand a même évité Christian Lacroix lors d'un cocktail organisé quelques mois plus tard. Et rien de décisif n'est entrepris pour la maison portant son nom. En mai 2010, le ministre de la Culture se contente, comme il l'a dit lui-même, de « sauver les meubles », préemptant, lors d'une mise aux enchères, quelques pièces du mobilier de la maison de couture de la rue du Faubourg-Saint-Honoré afin de les exposer au musée des Arts décoratifs, à Paris.

*

Maigre bilan sur ce point pour le seul ministre du gouvernement Fillon qui a dû en grande partie sa nomination à l'épouse du chef de l'État. C'est elle, déjà, qui avait suggéré le choix du neveu de François Mitterrand pour prendre la tête de l'Académie de France à Rome, la célèbre Villa Médicis, en juin 2008. C'est elle, encore, qui a soufflé à Nicolas Sarkozy l'idée de lui confier les clés du ministère de la rue de Valois un an plus tard. Entre-temps, le 24 février 2009, le chef de l'État s'était rendu à la Villa Médicis à l'occasion d'un voyage officiel à Rome, en compagnie de la ministre de la Culture de l'époque, Christine Albanel. Le sort de celle-ci semblait alors scellé. Un témoin raconte, médusé : « Nicolas Sarkozy n'a pas jeté un regard aux jardins. Et quand on lui a montré un vieux livre datant du XVIe siècle, autrement dit le début de l'histoire de l'imprimerie, il a commenté, d'un ton très détaché, "Ah oui, c'est joli." Christine Albanel était très sérieuse, trop probablement. Frédéric Mitterrand, lui, a vite compris que rien n'intéressait son hôte. Il s'est mis à jouer avec son téléphone portable, ce qui a fait rire Sarkozy. Et tout de suite les deux hommes se sont tutoyés. »

Les propos louangeurs de Carla ont fait le reste : l'ancien animateur de *Permission de minuit* est devenu ministre. Un de ses conseillers le décrit ainsi : « C'est un conteur, un historien passionné par la Seconde Guerre mondiale, un homme daté, de l'Ancien Régime, qui peut être d'une extrême courtoisie lorsqu'il a besoin de vous et donner l'impression de s'attacher aux gens. C'était bluffant de le voir promettre à Olivier Poivre d'Arvor, le frère de PPDA, la présidence de la Villa Médicis alors qu'il avait déjà choisi son successeur, Éric de Chassey… Il est intelligent et cruel : voilà comment il a séduit le couple présidentiel. »

Tout de même, pourquoi lui ? « Carla Bruni essaye d'esthétiser Nicolas Sarkozy, avance un haut fonctionnaire du ministère de la Culture. L'image ringarde d'un président qui n'écoute que de la musique populaire lui déplaît fortement. »

Pourtant, l'installation de Frédéric Mitterrand dans les murs qui ont vu passer André Malraux et Jack Lang a provoqué la grogne de ses services. On se moque aujourd'hui de la sonnette au pied installée sous la table de la salle à manger. On regrette que monsieur le Ministre, pris dans ses pensées, ne daigne pas toujours saluer les employés croisés dans les couloirs. On trouve incompréhensible qu'il ne leur ait pas présenté ses vœux de vive voix et que le service de communication ait dû insister pour qu'il les enregistre, au minimum, devant une caméra. En cette période d'austérité, les coûteux desiderata du ministre font aussi bondir nombre de ses agents. Selon quelques mauvaises langues, il aurait exigé, à peine arrivé, d'avoir un blog. Facture, pour ce gadget non utilisé : 20 000 euros. Il a créé un prix Barbara de la chanson, dont le seul diplôme de papier glacé s'élèverait à 1 000 euros. Il s'est entouré de chargés de mission aux fonctions floues. « Frédéric Mitterrand sait qu'il occupe cette fonction grâce à Carla Bruni, alors il se sent invincible », explique, amer, un fonctionnaire de la Culture.

Ce en quoi il a peut-être tort... Nicolas Sarkozy n'a guère apprécié la série de polémiques engendrées par son ministre. Après la publicité faite à son roman autobiographique et son soutien au réalisateur Polanski, le président aurait même voulu le démettre de ses fonctions. C'était compter sans la bonne fée Carla, qui « a usé de toute son influence pour le faire rester », témoigne un haut fonctionnaire du ministère de la Culture.

*

C'est grâce à son influence aussi que François Baudot, le parrain de son fils Aurélien, a été nommé, fin décembre 2009, au poste d'inspecteur général de l'administration des affaires culturelles (IGAC), avec un salaire de 5 000 euros par mois. Le 15 décembre 2009, une commission chargée d'évaluer sa candidature avait pourtant rendu un avis négatif…

Une fois en poste, l'ami de Carla s'est retrouvé dans un bureau au quatrième étage du ministère sans réelle fonction. Cet homme fantasque, souvent vêtu d'un manteau clair, ne s'est hélas jamais fait à son nouveau job. Malheureux et se sentant seul, il a envoyé un dernier courrier à la première dame de France avant de mettre fin à ses jours en mai 2010.

Son décès a provoqué un choc rue de Valois. Une assistante ayant prévenu par mail interne les fonctionnaires du ministère de ce décès s'est fait incendier par le cabinet de Frédéric Mitterrand au motif que l'information ne devait pas filtrer. C'est Carla Bruni qui a organisé les obsèques, rue Goujon, dans le VIIIe arrondissement, le plus discrètement possible.

*

Carla n'est probablement pas étrangère non plus à la nomination par Frédéric Mitterrand, en mai dernier, du comédien Charles Berling et de son frère Philippe à la tête du nouveau théâtre de Toulon.

Détails piquants, le premier a eu une relation passionnée avec Carla Bruni des années auparavant et affiche toujours des sentiments très anti-Sarkozy. C'est ainsi, la première dame ne cache pas son interventionnisme dans le domaine de la culture et de l'art. Et n'économise pas les coups de pouce aux amis. Même les plus anonymes, tel cet enseignant pour lequel sa maman Marisa a souhaité qu'il puisse retarder d'un an l'échéance de sa retraite. Ou encore le cuisinier de sa résidence du Lavandou en faveur duquel elle a demandé au conseiller Pierre Charon de trouver une formation de quelques jours auprès d'un chef étoilé.

Ainsi, une jeune modiste française, Bettina Thomas[1], installée à Rome, raconte l'incroyable aventure qui lui est arrivée : « Lors d'un passage à Paris, j'ai fait une halte à l'Élysée où j'ai déposé un des mes chapeaux à l'attention de la première dame. De retour à Rome, une lettre m'attendait. C'était Carla qui me remerciait pour mon joli cadeau. » Quelques jours plus tard, Bettina reçoit cette fois-ci un courrier de Marisa, la maman de Carla : « Elle avait tellement aimé le chapeau offert à sa fille qu'elle l'avait porté à la garden-party de l'Élysée. Elle m'a remercié et m'a envoyé une photo d'elle arborant le petit bibi que j'avais confectionné. »

Évidemment, elle n'oublie pas de proposer son aide aux amis plus illustres. « Léos, si tu as besoin

---

1. Entretien avec l'auteur, 24 juillet 2010, Paris.

de quoi que ce soit, n'hésite pas à me le demander », a-t-elle précisé sans ambages par téléphone,
dès son arrivée à l'Élysée, à Léos Carax, le réalisateur maudit des *Amants du Pont neuf*, avec lequel
elle a eu des liens privilégiés dans les années 1990.
Le cinéaste, qui n'avait plus rien réalisé depuis des
années, a décliné l'offre, mais il est bien le seul.

Quand Georges Frêche, le président socialiste de
la région Languedoc-Roussillon, a confirmé en
2010 la nomination du metteur en scène touche-à-
tout Jean-Paul Scarpitta, ami des people et intime
de Carla Bruni, à la tête de l'opéra de Montpellier
– poste qu'il occupera à partir de 2012 –, la première dame n'a pas hésité à envoyer un petit mot
de remerciement, accompagné de son disque, à
l'élu, alors qu'au même moment Georges Frêche
était brocardé par la presse pour ses propos insul-
tants à l'encontre de Laurent Fabius (« un air pas
très catholique »), autre proche de Carla Bruni.

Que ne ferait pas Carla Bruni pour ses amis
artistes ? Elle affiche ainsi ouvertement ses relations
dans le monde de la culture. Au risque de manquer de
discrétion comme, par exemple, ce jour d'août 2009
lorsqu'elle a déjeuné sur le trottoir de Casa Bini,
restaurant italien très chic et très bobo de la rue
Grégoire-de-Tours dans le VIᵉ arrondissement parisien, en compagnie du journaliste et chansonnier
Philippe Val, deux mois après la nomination de
celui-ci à la présidence de France Inter. Cette fois,
Nicolas Sarkozy a tiqué. Agacé par la maladresse

de son épouse, il lui a même demandé au téléphone d'éviter à l'avenir de s'afficher publiquement ainsi.

*

En revanche, le président n'a pas semblé gêné quand il s'est agi de prendre comme stagiaire Consuelo Remmert, la demi-sœur de Carla, au sein de la cellule diplomatique de l'Élysée. Depuis, cette jeune femme de 25 ans est devenue conseillère auprès du conseiller diplomatique Jean-David Levitte, en charge « des questions de la faim dans le monde » !

Ce sens de la famille, Carla Bruni l'applique également à celle de son époux. Nicolas Sarkozy confiera à un proche : « C'est elle qui m'a ouvert les yeux sur l'ambition politique de mon fils Jean. "Tu sais, lui avait-elle dit après avoir passé de longues heures à discuter avec les deux frères, Jean n'ose pas t'en parler, mais il veut vraiment se lancer en politique. Il est très passionné et voudrait avoir une carrière comme la tienne." » On connaît le résultat : les débuts fulgurants de l'aîné partis en vrille avec l'affaire de l'EPAD, qui a contribué à plomber les élections régionales. Qu'importe ! Nicolas Sarkozy semble croire au sens politique de son épouse. « Il n'est pas influençable, estime le député Nouveau Centre Jean-Christophe Lagarde [1]. Mais il peut changer d'avis. »

---

1. Entretien avec l'auteur, 2 juillet 2010, Paris.

Le président sait, surtout, utiliser Carla Bruni comme un poisson pilote quand il le faut. Martin Hirsch[1], ancien président d'Emmaüs et secrétaire d'État aux Solidarités actives contre la pauvreté de mai 2007 à mars 2010, n'a pas été dupe quand Carla Bruni-Sarkozy, promue rédactrice en chef du *Grand Journal* de Canal + à la place de Michel Denisot, l'a invité en septembre 2008 sur le plateau de la chaîne, au côté de ses amis mannequins et chanteurs. « C'est vrai que j'ai été surpris, avoue celui qui a été surnommé le "chouchou" de Carla. Je ne la connaissais pas du tout : nous avions seulement dîné une fois ensemble au Fonds social juif unifié. C'était gentil à elle de penser à moi. Mais il faut rappeler qu'à ce moment-là son époux se battait à mes côtés pour faire voter le RSA à l'Assemblée. » Après l'émission, l'ancien secrétaire d'État affirme qu'il n'a « plus jamais entendu parler d'elle, sauf une fois, quand elle m'a demandé mon avis sur Coup de pouce, une association humanitaire ».

*

Alors, Carla Bruni, une femme de gauche ? « Elle l'est de manière épidermique, nuance Laurent Joffrin[2], directeur de la rédaction de *Libération*. C'est-à-dire en surface. » Martin Hirsch reconnaît lui-même que la millionnaire italienne n'a jamais

---

1. Entretien avec l'auteur, 17 juin 2010, Paris.
2. Entretien avec l'auteur, 13 mai 2010, Paris.

fait partie des donateurs d'Emmaüs. « Elle a surtout donné pour le sida », ajoute-t-il.

Le sida, une cause qui touche de près l'ancien mannequin, dont le frère a été emporté par cette maladie. Carla utilise son influence pour servir les causes qui l'intéressent personnellement. Comme celle défendue par le photographe Jean-Marie Périer, star des années *Elle* et auteur de *Casse-toi*[1], un recueil de témoignages de jeunes homos mis à la porte par leurs parents. « Elle m'a téléphoné il y a quelques mois, après avoir lu mon livre, raconte Jean-Marie Périer[2]. Elle m'a invité à venir chez elle, dans le XVIe arrondissement, avec les deux responsables du Refuge, un centre d'hébergement pour jeunes homosexuels basé à Montpellier. Nous y sommes allés, elle nous a écoutés et je peux vous garantir que les effets ont suivi... » Les deux responsables ont en effet été reçus officiellement par Claude Guéant et Carla Bruni, avant d'être invités par Nadine Morano. La secrétaire d'État chargée de la Famille et de la Solidarité a même rendu visite aux jeunes hébergés du refuge le 17 mai 2010, à l'occasion de la Journée mondiale contre l'homophobie. Son soutien était pourtant loin d'être acquis · un mois plus tôt, elle s'était opposée à la diffusion en CM2 du *Baiser de la Lune*, dessin animé qui contait l'histoire d'amour entre deux poissons du même sexe.

---

1. Oh ! Éditions, 2010, Paris.
2. Entretien avec l'auteur, 14 avril 2010, Paris.

*

L'homophobie : un noble combat, mais qui reste à la marge au regard des grandes causes populaires dont Carla Bruni pourrait se faire l'écho, à l'image d'une Bernadette Chirac ayant largement œuvré, via l'opération « Pièces jaunes », pour le confort des enfants hospitalisés. Encore loin des contingences nationales inhérentes à son statut, trop peu rodée aux enjeux politiques, la première dame semble agir en dilettante. Usant de son influence de façon impulsive plus que réfléchie, davantage pour aider – servir ? – ses proches, son milieu et ses causes personnelles que pour infléchir profondément la politique du président.

15

Le cap Nègre

Entrer dans la vie de Carla, c'est entrer – à son cœur défendant – de plain-pied dans sa maison du cap Nègre, ses secrets et ses histoires de famille. En été 2008, à peine marié, le couple présidentiel s'est donc envolé pour le Lavandou. Trois semaines de vacances, a décrété la jeune mariée. Quoi de mieux, pour se reposer, que le fief varois des richissimes Bruni-Tedeschi à quelques kilomètres de Toulon ? « La Bastide », surnommée « le Château Faraghi » par les gens du coin, est accrochée à un promontoire rocheux dans le domaine privé du cap Nègre, un lotissement fermé situé à la pointe du cap dont chaque nouvel habitant doit être coopté. Un havre de paix pour millionnaires niché dans une pinède magnifique avec vue panoramique sur la Méditerranée, qui se déguste les pieds dans une vaste piscine. Rien à voir, pour le président, avec la maison de 1 200 mètres carrés louée avec Cécilia, l'été précédent, sur les rives du lac Winnipesaukee, dans le New Hampshire. À l'époque, c'étaient les amis du nouvel élu, les Cromback et les Agostinelli, qui avaient réglé la facture.

*

Cette fois, c'est la belle-mère du chef de l'État, Marisa, qui s'occupe de tout. Y compris des soucis d'écoulement des eaux usées.

D'ailleurs, ça ne tarde pas : elle demande à Nicolas Sarkozy de l'accompagner à une réunion de voisins pour débattre du tout-à-l'égout. Les cinquante-quatre copropriétaires du domaine se sont donné rendez-vous dans la loge du gardien. Avertie de la venue du président de la République, Patricia Moulin-Lemoine, une héritière des Galeries Lafayette et présidente du « bureau », comme on nomme ici le syndic, a pris soin de lui réserver une chaise. De fait, la pièce est comble car le sujet du jour est d'importance : le tout-à-l'égout.

L'affaire fait trembler les cyprès du domaine depuis plusieurs semaines déjà, opposant les « pro-égout » aux tenants de la fosse septique. Les premiers, appuyés par le maire du Lavandou et le préfet du Var, veulent supprimer les fosses et se raccorder au tout-à-l'égout municipal. Les seconds n'en voient pas l'utilité.

Marisa, qui a rallié le camp des pro-égout, a briefé son gendre avant la rencontre, lui disant et redisant : « Nicolas, vous êtes le chef de famille maintenant. » Quelques instants après le début de la réunion, le chef de famille, conscient de sa lourde responsabilité, se lève de sa chaise et se jette à l'eau, racontent Paolo Caloiro [1], un avocat italien, et Ida, son épouse danoise, propriétaires d'une belle demeure au cap Nègre. Voici les propos du chef de l'État : « Nous sommes en 2008, il faut accepter la modernité. Je comprends que les sommes en jeu peuvent être un argument. Mais je peux vous aider, vous faciliter les choses. L'État peut vous aider. Je sais de quoi je parle, j'ai organisé le sommet de la Méditerranée ! Alors trouvons une solution. »

Vivats et applaudissements saluent ce quasi-discours de campagne électorale. Touché par l'ovation, le président soupire d'aise, tandis que Marisa le couve du regard et exulte.

*

Mais la trêve est de courte durée. Voilà que des râleurs viennent gâcher l'ambiance : ces irréductibles du cap rejettent l'aide publique pourtant si gentiment proposée. Parmi les empêcheurs de tourner en rond, on trouve Magdeleine et Jacques Huetz, un couple d'octogénaires retraités du CNRS. Anciens résistants, passionnés par la nature, ils ont acheté leur propriété en 1957, à l'époque où le mètre carré coûtait 8,60 francs. « Nous étions les plus modestes de l'endroit, nos enfants nous appelaient même "les pouilleux du cap Nègre" », s'amuse aujourd'hui Magdeleine [2]. Or Paolo, Ida, Jacques et Magdeleine ne

---

1. Entretien avec l'auteur, 9 juin 2010, cap Nègre.
2. *Ibid.*

veulent pas du tout-à-l'égout. Leurs arguments sont essentiellement écologiques : « La région est sèche, explique Ida, et les fosses septiques permettent d'arroser les arbres. Sans elles, il n'y aurait pas cette végétation extraordinaire. Sans compter qu'elles ne polluent pas la mer, nos eaux usagées étant recyclées dans la terre. »

Selon Pierre Charon [1], conseiller en communication de l'Élysée, le problème est plus trivial : « Certains habitants du cap Nègre sont près de leurs sous. » Charon connaît le sujet : il est l'un des rares proches de Sarkozy – avec Xavier Darcos notamment – à avoir été invité à la bastide, ici défilent en effet essentiellement des proches de Carla. Même des amis intimes du chef de l'État comme les Balkany n'ont pas eu ce privilège. « De toute façon, je ne tiendrais pas trois jours enfermée là-bas, bougonne Isabelle Balkany [2], l'épouse du maire de Levallois-Perret, en haussant les épaules. Et puis je n'aime pas aller chez les gens. »

Pierre Charon, donc, a fait le voyage. « Vous savez, soupire-t-il, la maison est belle mais elle est dans son jus : les tuyauteries font du bruit, l'eau coule doucement et il n'y a pas assez de pression quand on prend sa douche. » Cette histoire de pression d'eau aurait-elle poussé notre président à intervenir au cap Nègre ? « Nicolas Sarkozy aime bien convaincre ses adversaires, analyse le député de Seine-Saint-Denis

---

1. Entretien avec l'auteur, 27 août 2009, Paris.
2. Entretien avec l'auteur, 18 mai 2010, Levallois-Perret.

Jean-Christophe Lagarde[1]. Il s'est plongé dans cette affaire sans réellement mesurer l'impact de son intervention. Il a réagi comme un gendre et non en tant que chef de l'État. »

Soupçonnés de réduire le débat à une histoire de gros sous, les anti-égout se disent en retour choqués que l'État veuille payer pour eux… ou plutôt pour elle, Marisa Bruni-Tedeschi. Car la propriétaire du « Château » est la seule du domaine à souffrir des problèmes d'odeurs : la « Bastide » ayant été édifiée en 1937, elle n'est pas équipée d'une fosse septique moderne, à la différence des autres maisons, construites dans les années cinquante et soixante. Autrement dit, expliquent ses détracteurs, « si Mme Bruni a le nez sensible, rien ne l'empêche de faire réaliser les travaux à ses frais ». Magdeleine Huetz précise même : « Les Bruni ont construit une petite maison les pieds dans l'eau qui donne sur leur marina privée. Comme l'installation sanitaire est brinquebalante, les eaux usées vont directement à la mer. »

Carla Bruni, elle, serait surtout obsédée par les fosses septiques de l'ensemble du domaine pour une raison quelque peu… plus terre à terre : « Pas question que mon fils Aurélien se baigne dans la m… », s'est-elle ainsi émue auprès des anti-tout-à-l'égout. Cette mère louve n'a-t-elle pas, un jour, reproché au patron d'un des palaces du groupe Barrière à Deauville l'excès de chlore dans la piscine, mauvais

---

1. Entretien avec l'auteur, 2 juillet 2010, Paris.

pour la peau de son enfant ? Reste qu'ici, au Lavandou, ses préoccupations personnelles passent mal. Magdeleine enfonce le clou : « S'il y a pollution et infraction, c'est à Marisa qu'on les doit. » Difficile, toutefois, de verbaliser l'hôtesse du président, dont le médecin et les membres des services de sécurité sont logés dans la maisonnette incriminée !

*

De son côté, Gil Bernardini, maire du Lavandou, a proposé, en guise d'apaisement, de financer une partie des travaux de raccordement en échange de l'ouverture du domaine aux habitants : « Hors de question, a tempêté Carla. Si le domaine devient public, je ferai construire une muraille et j'installerai des miradors », rapporte un témoin.

Des miradors ? Ce serait cocasse. Et bien inutile si l'on considère le système de sécurité ultraperfectionné qui protège le lotissement. D'autant que la présence du président de la République a transformé le « Château » en Fort Knox. Ainsi, quatre policiers y vivent à l'année. Il suffit, comme nous l'avons fait, de s'approcher à moins de dix mètres du portail pour voir surgir un képi. Les falaises, où se promenaient jadis les habitants du cap Nègre, sont également truffées de policiers et de caméras.

Quand Carla et Nicolas sont présents, cet impressionnant dispositif s'étoffe de quelques policiers supplémentaires, de militaires et même d'hommes grenouilles qui inspectent les rivages en permanence. La menace, il est vrai, peut venir de partout. Les propriétés les plus proches ? « Un dirigeant du groupe Carrefour, un banquier de Rothschild et l'ancien P-DG d'Alcatel, Serge Tchuruk... pas vraiment des dangereux cégétistes ! », se moque un habitant du domaine. Même le ciel est quadrillé : un arrêté ministériel interdit en effet le survol du cap Nègre « pour les besoins liés à la protection de hautes autorités », et ce du 27 juillet au 31 août. En réalité, plutôt du 7 juillet au 15 septembre afin de coller aux dates de présence de la belle-famille.

*

Finie donc, l'époque où le clan Bruni vivait en harmonie avec le voisinage. De son vivant, « Virginio, le frère de Carla, qui était membre du bureau des copropriétaires, adorait venir se promener à l'ombre des pins, se souvient Paolo Caloiro. Il était comme sa sœur, Valeria, d'une discrétion totale. » Au Lavandou, tout le monde connaissait les Bruni. On se souvient encore des arrivées pétaradantes de Carla sur son « Piaggio pourri » et des razzias de produits de beauté qu'elle faisait à la pharmacie du village. C'est au club de voile du Lavandou que son fils, Aurélien, a appris à nager. Quant à la marchande de journaux, elle continue de mettre de côté pour Marisa l'hebdomadaire italien *La Settimana* et les magazines people parlant de sa fille, que la maman décortique consciencieusement.

Pourtant, aujourd'hui, la famille présidentielle fait trop de vagues au goût des habitants. Seul le maire continue de faire des ronds de jambe. Carla et lui s'apprécient, racontent certains résidents du domaine, précisant que l'élu UMP ne manque pas, d'ailleurs, de la complimenter à la moindre occasion : « Ah ! Carla, que vous êtes jolie ! », « Chère Carla, je vous ai apporté une langouste ! »... À force, l'édile a su mettre l'épouse du chef de l'État dans sa poche. Peine perdue. Le 16 août 2010, Jérémie Assous [1], avocat de certains propriétaires du cap Nègre partisans des fosses septiques, a eu raison du maire du Lavandou, et, par ricochet, de la famille Bruni : « Pensant bien agir et voulant faire plaisir au président, le maire nous a donné l'occasion de faire un recours devant le tribunal de Toulon ; son arrêté rédigé dans la précipitation comportait une faille juridique. Nous pouvons, ai-je prévenu les copropriétaires du cap Nègre lors de l'assemblée générale du 14 août dernier, faire encore traîner l'affaire d'appel en appel pendant cinq ou six ans. » Marisa Bruni n'est pas venue à l'assemblée du bureau. Son gendre a échoué – dans l'immédiat – face à la volonté de quelques irréductibles. À Toulon, le préfet Jacques Laisné, lui, n'a pas eu

---

1. Entretien avec l'auteur, 18 août 2010, Paris.

cette chance. Après un an d'infructueuses tergiver-
sations, il a été brutalement relevé de ses fonctions
en juin 2009. « Il s'était rallié à notre cause »,
expliquent les tenants de la fosse septique.

*

Sur la route qui longe le Lavandou, un chauffeur
de taxi lâche avec amertume : « Moi, j'aimais bien
notre président quand il disait vouloir passer les
banlieues au Karcher. Mais là, vouloir nous faire
payer, à nous contribuables, le réseau de traitement
des eaux usées parce que sa douche est froide et que
Madame a peur que son fils attrape des maladies
en se baignant dans notre mer trois semaines par
an... »

Trois semaines : c'est peu et c'est beaucoup à la
fois. Cette année, sécurité oblige, l'accès à la mer a
été fermé autour du cap dès le mois de juin, officiellement « pour cause d'éventuels éboulements ».
Pour se rafraîchir, les estivants et les résidents per-
manents ont dû se contenter d'une plage
publique... microscopique.

16

Carla Bruni, un handicap pour la droite ?

Ce vendredi 26 février 2010, il règne au cap Nègre une fébrilité inhabituelle pour cette période de l'année. Médusés, les habitants du domaine privé assistent au ballet des voitures officielles indiquant l'arrivée surprise du chef de l'État. N'est-il pas attendu à Paris, le lendemain, porte de Versailles, pour l'inauguration du Salon de l'agriculture ? Au dernier moment, Nicolas Sarkozy a donc fait faux bond au monde agricole, majoritairement à droite, et a perdu l'occasion de faire oublier le désastreux « Casse-toi, pauv' con » lancé au même endroit deux ans auparavant et toujours dans les esprits. L'électorat du président reçoit comme une gifle le fait que leur héraut, en chute libre dans les sondages et à deux semaines des élections régionales, ait choisi le Lavandou plutôt que la porte de Versailles...

Pour que Nicolas Sarkozy prenne un tel risque, il faut une raison impérieuse. Son nom : Carla. Alors que Paris bruisse de rumeurs sur les difficultés traversées par le couple présidentiel, celui-ci doit impérativement se retrouver et passer un moment ensemble. Au diable, donc, veaux, vaches, cochons du salon agricole. Il faudra attendre le 6 mars, c'est-à-dire l'avant-veille de la fin de la manifestation, pour que le chef de l'État vienne enfin serrer quelques mains et flatter l'encolure de belles charolaises. Certes, comme pour se racheter, il annoncera alors une augmentation de 800 millions d'euros des prêts bonifiés. Mais trop tard, le mal est fait. Nicolas Sarkozy déçoit, encore une fois. Et pas seulement les agriculteurs · dans les rangs de la droite, on murmure aussi que le président, décidément, exagère.

Ils étaient pourtant tellement optimistes il y a deux ans. Ministres, députés, élus locaux, ils avaient alors applaudi le mariage présidentiel, jamais avares de louanges sur leur nouvelle première dame. Carla ? L'atout gagnant ! Ce remariage éclair avec une chanteuse aussi glamour allait stabiliser le vibrionnant Nicolas. Grâce à elle, leur champion allait être débarrassé de son bling-bling, la droite allait se réconcilier avec les artistes et les intellectuels, et même séduire une frange de la gauche.

Aujourd'hui, ces mêmes élus semblent gênés et rechignent à s'exprimer publiquement. Mais, souvent, les silences en disent long. « Sans commentaires », lâche, glacial, Jean-François Copé à une journaliste de BFM qui lui a demandé son avis sur un numéro spécial du *Figaro Madame* dont Carla était la rédactrice en chef. Quarante pages de mode sophistiquée, d'accessoires de luxe et de futilité.

Françoise de Panafieu, l'ancienne candidate UMP à l'élection à la mairie de Paris, quant à elle, aurait confié à quelques journalistes avoir été atterrée par ce spécial Carla Bruni du même *Figaro Madame* publié le 27 mars 2010, soit une semaine après la terrible défaite de la droite aux régionales. « Trop occupée pour répondre », nous fait dire Fadela Amara, la secrétaire d'État chargée de la Politique de la ville, si élogieuse pour la première dame de France une année auparavant. Idem avec le sénateur Gérard Longuet, très proche de Nicolas Sarkozy.

Comme si Carla était en train de devenir un sujet tabou et un handicap pour la droite.

*

Certains, dans la majorité, avaient pourtant su raison garder et très tôt tiré la sonnette d'alarme. « Je l'avais prévenu… », s'agace par exemple Christine Boutin [1]. Calfeutrée dans son petit bureau au premier étage du siège de l'UMP, les cheveux fraîchement permanentés, le tailleur marron égayé par un chemisier bariolé, de longues boucles d'oreilles et des ongles couleur rouge, la patronne du petit Parti des chrétiens démocrates, ancienne ministre du Logement et de la Ville de mai 2007 à juin 2009, n'en finit pas de jouer à la Pythie.

Quand Nicolas Sarkozy est revenu de son escapade en Égypte puis en Jordanie avec Carla Bruni

---

1. Entretien avec l'auteur, 13 novembre 2009, Paris.

en décembre 2007, et bien qu'elle ait été la première à se réjouir de son mariage, Christine Boutin a été aussi l'une des rares personnes à l'avoir mis en garde contre les retombées de cet « exhibitionnisme égyptien » : « Je ne suis pas vertueuse, explique-t-elle. J'affirme seulement des valeurs universelles qui ne sont ni de droite ni de gauche. Nicolas Sarkozy, qui a infléchi sa politique vers la gauche, pense pouvoir transgresser des interdits dans le domaine des mœurs : mais il se trompe en croyant que l'électorat de droite va le suivre. » Pas facile non plus, ajoute-t-elle, « cette image de la première dame en train de gratter la guitare dans une salle de concert à moitié vide, à New York, pour l'anniversaire de Mandela… »

Très vite, Carla Bruni a dû comprendre la méfiance qu'elle suscitait chez l'ancienne ministre du Logement et, au-delà, dans une partie importante de la droite, notamment dans sa frange catholique. Et là, bizarrement, nulle tentative de séduction. À la place, un certain mépris. Christine Boutin a, par exemple, été la seule ministre à ne pas avoir reçu le nouveau disque de la première dame : « J'étais absente le jour de la distribution et personne n'a jugé bon de m'en mettre un de côté. » Pas assez chic, trop marquée à droite, sans doute, pour Carla Bruni. « Vous vous rendez compte ? s'exclame Pierre Charon [1], avec une pointe de condescendance, Christine Boutin voulait que Carla l'accompagne sur le terrain visiter ses chantiers de

---

1 Entretien avec l'auteur, 27 août 2009, Paris.

logements sociaux ! » Boudée par la première dame, virée sans ménagement du gouvernement en juin 2009, aujourd'hui en charge d'une mission sur les conséquences sociales de la mondialisation, elle n'en démord pas : « Carla Bruni est une vraie bobo de gauche, qui se moque éperdument de notre électorat. » La preuve, remarque-t-elle, est que « les seuls membres du gouvernement à avoir l'honneur de figurer sur le site de sa fondation sont Fadela Amara et Martin Hirsch ». Et d'enfoncer le clou : « Quand Carla Bruni manifeste son intérêt pour les jeunes issus des quartiers difficiles, elle veut juste montrer à la France et au reste du monde que la première dame s'intéresse aux étrangers et aux populations d'origine étrangère. »

*

Autrement dit, pendant que le chef de l'État est censé passer le Karcher, son épouse se réserve le beau rôle, plein d'humanisme. Une posture électoralement risquée, estime l'écrivain Denis Tillinac [1], proche de Jacques Chirac : « Nicolas Sarkozy, qui est plus populaire qu'un aristocrate comme Villepin, a créé une proximité avec les Français. Alors ces vacances passées au cap Nègre, entouré des ex de sa femme, c'est un peu bizarre pour eux. Ils se disent : "Il n'est plus des nôtres, il est des leurs..." »

---

1. Entretien avec l'auteur, 24 mars 2010, Paris.

Le polémiste Jean-François Kahn [1], fondateur de l'hebdomadaire *Marianne* et ancien député européen Modem, va plus loin : « Ce duo est anxiogène. » Selon lui, les rumeurs d'infidélité ont révélé ceci : « Inconsciemment, les Français ne croient pas à ce couple. Pour eux, Sarkozy s'est acheté une star. Cet homme est génial, certes, mais tellement narcissique ! Ce qu'il aime, c'est la gauche jet-set, la gauche plume dans le cul : ça le fascine. » Quant à Carla Bruni, selon Jean-François Kahn, elle est « plus Mme de Pompadour que Marie-Antoinette ». « C'est la première fois qu'une première dame est aussi présente sur la place publique : qu'elle défende la gauche auprès de son mari de droite, c'est plutôt sympa. Ce qui est inouï, c'est qu'il se laisse influencer pour lui faire plaisir. »

*

La mauvaise image que Carla donne à la présidence inquiète certains élus. Pis, de plus en plus de députés osent toutefois, à mots couverts, critiquer la première dame de France.

Ainsi, l'un des sept avions de l'État, le Falcon 7X, baptisé avec humour Carla One par les aviateurs de l'Armée de l'air, lui serait réservé en priorité. « Illégal, selon le député René Dosière [2], élu PS spécialiste des dépenses de l'Élysée. Elle n'est pas élue par

---

1. Entretien avec l'auteur, 22 avril 2010, Paris.
2. Entretien avec l'auteur, 16 juin 2010, Paris.

le peuple et n'a absolument pas le droit de l'utiliser à titre personnel. » Ainsi, l'ancien secretaire d'État chargé de la Coopération Alain Joyandet, qui a loué les services d'une compagnie privée le 22 mars pour un aller-retour à Fort-de-France facturée 116 500 euros, n'avait semble-t-il pas d'autre choix : aucun des sept avions de l'État n'était disponible. Montrée du doigt – par de mauvaises langues, sans doute : Carla Bruni, qui affectionne particulièrement le 7X.

*

Ironie de l'histoire : à gauche aussi, beaucoup commencent à douter de Carla. « C'est vrai, on pensait qu'elle allait corriger les travers de Nicolas Sarkozy et son côté droite tape-à-l'œil », reconnaît Laurent Joffrin [1], directeur de la rédaction de *Libération*. Il y a deux ans, lors d'une interview, un journaliste de ce quotidien avait demandé à la première dame : « Le redressement de l'image qui passe par la fin de Sarko bling-bling, c'est grâce à vous ? ». Mais aujourd'hui, le jugement de Laurent Joffrin tombe : « Sarkozy fait plus Deauville que l'île de Ré. Il a un côté Berlusconi… en plus chic. » François Hollande, de son côté, a confié à quelques journalistes, en off, que Carla « insécurise » son mari. « Je la préfère amoureuse que de gauche », souffle encore un Bertrand Delanoë sarcastique à un confrère.

––––––––––

1. Entretien avec l'auteur, 13 mai 2010, Paris.

*

Les doutes quant à la solidité du couple présidentiel ne sont pas tout. Laurent Joffrin [1], qui, dans un brillant pamphlet intitulé *Le roi est nu*, accusa Nicolas Sarkozy de pratiquer la monarchie élective, reproche surtout à Carla Bruni de ne pas jouer son rôle de reine : « Elle est plutôt la femme du monarque. Certes, elle lui a présenté son entourage constitué d'intellectuels de gauche, mais je ne crois pas que son influence soit très grande sur lui, en tout cas, pas sur la conduite des affaires publiques. Elle n'est pas comme Bernadette Chirac, qui sentait les choses. »

Dans les rangs de l'UMP, beaucoup pensent exactement le contraire et voient la main de Carla un peu partout. Dans le maintien, par exemple, d'Éric Besson, au poste de ministre de l'Immigration, de l'Intégration, de l'Identité nationale et du Développement solidaire qu'elle a défendu mordicus auprès de son époux alors que ses jours étaient comptés à l'Élysée. Ainsi que dans certaines nominations et l'apparition de nouveaux amis du président qui font grincer des dents. « D'abord, on a vu arriver les copains chanteurs à l'Élysée, des mecs à boucle d'oreille, ironise Denis Tillinac. Et puis il y a ces nominations folles : pourquoi virer Albanel et la remplacer par Mitterrand ? Et le choix de Marin

---

1. Entretien avec l'auteur, 13 mais 2010, Paris.

Karmitz [1]... C'est le retour de la bande à Jack Lang ! Sarkozy s'est fait élire sur le mode de la rupture. Tu parles de rupture... »

Jack Lang, justement. Le voilà donc, légèrement en retard, une dizaine de minutes à peine, le regard à l'affût du sourire des passants. L'éternel ministre de la Culture qui fête ce jour-là ses soixante-dix ans en paraît dix de moins. Est-ce grâce à son complet gris parfaitement coupé ? Ou à cette chemise rose tellement assortie à son bronzage permanent ? Ou encore à ce visage si lisse que les années ont épargné ? En tout cas, on comprend combien son monde est intrinsèquement lié à celui de Carla Bruni. Aucun élu de l'UMP ne peut parler avec autant de passion de la première dame. « Des années durant, raconte Jack Lang [2], j'ai rêvé de la rencontrer. Mannequin, elle dégageait une sorte de fascination. Ce personnage mythique, grande, belle avec ses yeux très étirés, comme un sphinx. Vous avez vu ? Ses yeux sont presque bridés. Et ce bleu myosotis qui tire sur le mauve. Je dirais qu'elle a une beauté à nulle autre pareille. Je n'osais pas aller lui parler : je la rencontrais surtout en Italie. Je l'ai connue quand elle vivait avec Raphaël Enthoven. Quel garçon brillant, vous ne trouvez pas ? Il avait monté un comité de soutien pour moi il y a quelques années. »

*

1. Fondateur des cinémas MK2.
2. Entretien avec l'auteur, 2 septembre 2009, Paris.

Changement de ton avec Christian Vanneste, député du Nord apparenté UMP : « Quand le casting ne répond qu'à des objectifs médiatiques, ce n'est pas très bon [1]. »

Dans sa ligne de mire : la nomination de Frédéric Mitterrand au ministère de la Culture. Certes, les sorties de Vanneste contre l'homosexualité, qu'il considère comme un « apartheid entre les sexes », et son combat contre l'homoparentalité lui ont valu une mise à l'écart de l'UMP. Mais ce député à l'ancienne, constamment réélu depuis 1993, n'en représente pas moins une sensibilité très présente à droite. « Je n'ai jamais critiqué l'homosexualité de Frédéric Mitterrand, se défend-il. J'ai découvert son livre comme tout le monde, quand Marine Le Pen en a parlé à la télé : le lendemain, je suis allé à bibliothèque de l'Assemblée nationale pour le lire et il n'était plus disponible, preuve que beaucoup de députés avaient fait comme moi. » Christian Vanneste poursuit : « Le problème de la nomination de Mitterrand, c'est que le président avait mis en avant sa lutte contre la prostitution et l'exploitation des faibles. Or, qu'a fait Frédéric Mitterrand en Thaïlande ? »

Un autre député UMP, qui préfère rester anonyme, relève aussi l'influence de Carla Bruni dans l'affaire Polanski : « Prendre parti en faveur du cinéaste comme l'a fait le ministre de la Culture, quelle erreur ! Résultat, c'est Marine Le Pen qui fait de la récupération ! »

---

1. Entretien avec l'auteur, 19 mai 2010, Paris.

Sans compter l'affaire Battisti, du nom du terroriste italien exilé en France puis au Brésil, dans laquelle ce même député est convaincu que l'épouse du chef de l'État, malgré ses dénégations, a joué un rôle : « Comment prendre la défense d'un homme qui a tué des policiers ? »

Fin décembre 2008, lors d'un voyage officiel au Brésil, Carla Bruni avait en effet été suspectée d'être intervenue auprès des autorités locales pour qu'elles n'extradent pas Battisti vers l'Italie. Cette information avait suscité un tollé en Italie, gauche et droite confondues. Pour tenter de calmer la polémique, l'ancien mannequin a reçu quelques mois plus tard à l'Élysée, en présence d'un conseiller, Bruno Berardi [1], président de *DOMUS CIVITAS*, une association italienne de défense des victimes du terrorisme italien, dont le père commissaire de police avait été abattu par les Brigades rouges. « C'est elle qui m'a téléphoné, raconte Berardi : "Bonjour, je suis Carla Bruni-Sarkozy et j'aimerais beaucoup vous rencontrer." » Le président de l'association a donc fait le voyage de Rome à Paris. « Là, elle m'a assuré ne s'être jamais mêlée de cette affaire. Elle avait une voix doucereuse et m'a assuré qu'elle aiderait ma fondation. Et puis rien ! Plus jamais de nouvelles. Carla Bruni est une comédienne. »

En plus de la chanson, une autre corde à son arc ?

---

1. Entretien avec l'auteur, 1er mars 2009, Paris.

17

« Mon amie Michelle Obama »

Une impression désastreuse. Voilà ce qu'a laissé Nicolas Sarkozy à Barack Obama, le chef d'État le plus puissant du monde, le soleil planétaire qu'il rêvait d'éclipser lors de leur première rencontre le 12 septembre 2006. Alors ministre de l'Intérieur et patron de l'UMP, il est ce jour-là à Washington, où il est venu saluer son grand ami George Bush. Avant de se rendre à la Maison-Blanche, il fait un détour par le Congrès pour y rencontrer un jeune sénateur dont ses conseillers lui ont dit le plus grand bien : Barack Obama. De leur échange, pas grand-chose ne filtre à l'époque. Côté français, Nicolas Sarkozy le commentera ainsi : « On était deux dans ce bureau. Il y en a un qui est devenu président... Ben, l'autre n'a qu'à faire la même chose ! » Côté américain, « l'autre » en question reconnaît avoir été impressionné par « l'énergie » de son homologue : « Il est constamment en train de bouger ! (...) Qu'est-ce qu'il mange [1] ? »

---

1. AP, « La France succombe à l'obamania », 25 juillet 2008.

Aujourd'hui, un témoin de la scène nous révèle les circonstances de ce premier entretien : « Nicolas Sarkozy, précédé de ses conseillers, rentrait dans le bureau du jeune sénateur quand il a marqué un temps d'arrêt. D'un mouvement de la main, il a voulu inciter Cécilia, qui se tenait en retrait, à s'avancer avec lui. Mais Cécilia n'a pas bougé. En réalité, alors que son couple battait de l'aile, elle ne souhaitait pas être présentée en "femme de", préférant rester à l'arrière avec les autres comme un simple membre de la délégation. Pendant quelques secondes qui ont semblé une éternité, le couple s'est foudroyé du regard devant un Barack Obama éberlué. Finalement, Cécilia a capitulé et s'est rapprochée de son époux pour se présenter au sénateur. Ensuite, il y a eu près d'une minute de silence durant laquelle Cécilia et Nicolas se jetaient des regards noirs. C'est Obama qui a rompu ce silence très embarrassant en entamant la conversation avec Sarkozy. Puis il s'est tourné vers Cécilia et lui a gentiment dit : "Vous savez, c'est dur, la politique. Pour Michelle aussi, c'est compliqué. Mais ça va aller, vous allez voir." À la fin de l'entrevue, la délégation française a quitté le Congrès américain en gardant les yeux rivés au sol... »

*

Carla Bruni connaît-elle le détail de cette rencontre ? Sûrement pas. Elle qui rêve de se voir comparée à l'élégante Michelle Obama ignore donc qu'elle arrive en terrain miné, qu'une autre Mme Sarkozy a déjà donné le ton et offert aux Obama une piètre image du couple présidentiel français. Pas question, pour autant, de baisser les armes dans cette conquête de l'Ouest entreprise avec son mari. Bien qu'avare de visites protocolaires, la première dame n'a jamais raté un voyage outre-Atlantique. « C'est leur Venise à eux », sourit Charles Jaigu [1], journaliste politique au *Figaro*, rappelant que le couple présidentiel a fait escale à New York pas moins de cinq fois. « À moins que l'intérêt de Carla pour cette ville, plaisante un autre journaliste, ne s'explique par le souvenir de la chanson de son ancien compagnon Louis Bertignac, "*New York avec toi*" ».

Surtout, l'Amérique, c'est ce pays que le mannequin Carla Bruni n'a jamais pu conquérir tout à fait, celui où vit Cécilia, son ancienne rivale, celui, aussi, où règne la nouvelle, la si populaire Michelle Obama, la seule, à ses yeux, à pouvoir lui disputer le titre de première dame la plus sexy et la plus glamour de la planète. « Carla veut sortir du lot, explique un proche. Pas question pour elle de s'aligner sur les autres premières dames : qu'ont-elles en commun ? Il n'y a qu'avec Michelle que Carla accepte de partager l'affiche. »

Il faut dire que cette Michelle a tout pour elle : la grâce, l'élégance, l'admiration des Américains et… un pouvoir sans commune mesure avec celui

---

1. Entretien avec l'auteur, 20 avril 2010, Paris.

d'une première dame française. Bref, Michelle Obama représentait un véritable challenge, d'autant que Nicolas Sarkozy souhaitait, lui aussi, se faire une place au soleil américain, et même être le premier chef d'État à rencontrer le président fraîchement élu.

*

Carla Bruni ne s'est pas jetée dans la bataille en amateur. L'international ? Voilà un terrain, au moins, sur lequel la plupart des élus de droite concèdent à l'épouse du président le mérite de savoir tenir son rang. Elle n'est jamais aussi à l'aise que lorsqu'elle doit rivaliser d'élégance avec ses pairs. Pour l'ancien mannequin, une visite officielle à l'étranger, c'est un peu comme un défilé, ou l'art de capter les flashs des photographes afin d'éclipser avec grâce ses partenaires de podium.

Une routine dans laquelle elle excelle : quand ce ne sont pas les tabloïds anglais – et le monde entier, au passage – qui admirent, en mars 2008, la royale révérence d'une Carla en ballerines et robe de tweed, c'est la presse espagnole qui arbitre un an plus tard « le duel de l'élégance et du glamour » en auscultant les gardes-robes respectives de la princesse Letizia et de Carla Bruni. « Ah, ce concours de jambes ! s'amuse un député UMP. Sarkozy était fou de joie, rien ne l'excite plus que le match des femmes. Parce que, entre nous, ce voyage n'avait pas beaucoup d'enjeux. D'ailleurs, Sarkozy a été furieux que *Le Monde* n'écrive pas une ligne sur ce séjour et l'a fait savoir au directeur de la publication, Éric Fottorino. »

Pour Carla Bruni, l'épisode espagnol n'est qu'une escarmouche au regard de la mère des batailles qui l'attend aux États-Unis, où il lui faut faire mieux que Cécilia : aucun risque que Carla hésite, elle, à aller saluer le président américain en tant que première dame. Cet honneur, elle l'attend même avec une impatience non dissimulée. En novembre 2008, de passage aux États-Unis avec son mari à l'occasion d'un G20 d'urgence, elle disait ainsi publiquement sur le plateau télévisé du *Late Show* de David Letterman, où elle était venue faire un peu de promo pour son disque, son désir de faire la connaissance de Michelle Obama, quelques jours après l'élection de Barack. Deux mois plus tôt, la chanteuse française avait fait la une des tabloïds américains lors d'un séjour à New York pendant lequel elle avait déjeuné avec Laura Bush. Las ! il en faut plus pour impressionner les nouveaux locataires de la Maison-Blanche, qui ne manifesteront aucun désir de rencontrer aussi vite les Sarkozy.

Michelle Obama, elle, est au faîte de sa gloire. Lynn Sweet [1], correspondante du *Chicago Sun Times* à Washington, suit le couple depuis vingt-cinq ans et témoigne de la fascination qu'exerce la nouvelle First Lady sur les Américains. « Nous adorons cette

---

1 Entretien avec l'auteur, 29 mars 2010, Washington.

saga familiale et leurs deux petites filles qui grandissent sous nos yeux. Carla Bruni nous intéresse aussi, mais pas pour les mêmes raisons. »

Autrement dit, la popularité de la première ne repose, elle, sur aucune controverse. Cette brillante avocate, qui a accepté de mettre sa carrière entre parenthèses pour soutenir les ambitions politiques de son époux, est une épouse et une mère modèle. Tous les jours, cette Jackie Kennedy des temps modernes accompagne elle-même ses enfants à l'école, située à un kilomètre de la Maison-Blanche. Côté style, rien à redire : dès la cérémonie d'investiture présidentielle, elle a donné le ton, en s'affichant dans une longue robe blanche asymétrique signée Jason Wu. Exit les tailleurs classiques et les jupes longues de Laura Bush, place aux tenues audacieuses et colorées de créateurs dans l'air du temps, de Thakoon à Azzedine Alaïa. « Carla a de l'allure, Michelle, elle, a du style », résume Christophe Girard[1], adjoint au maire de Paris.

Surtout, Michelle Obama est tournée vers les autres. Elle milite, par exemple, contre l'obésité, ce qui la place, dans ce pays où cette maladie est devenue un problème de santé publique majeur, en haut du panthéon des « Mères de la nation ». « Ici, la scène d'un enfant apeuré porté sur les épaules d'un président au milieu d'une nuée de photographes aurait créé un cataclysme, explique Lynn Sweet[2], à

---

1. Entretien avec l'auteur, 3 juillet 2009, Paris.
2. Entretien avec l'auteur, 25 mars 2010, Washington.

propos des célèbres clichés pris en Jordanie. Michelle, elle, n'est pas obsédée par les photographes : vous la verrez rire aux éclats, faire le clown avec les enfants, danser le hula hoop. Elle adore la mode et les vêtements, mais elle reste très naturelle et sait qui elle est exactement. Et si elle faisait de la chirurgie esthétique, on en parlerait immédiatement ! »

*

Difficile de lutter contre cette icône de perfection.

Le célèbre photographe Patrick Demarchelier [1], qui a réalisé le portrait officiel de la première dame française à la demande de celle-ci, raconte ainsi qu'il a proposé un sujet au *Vogue* américain sur l'élégance à la française, avec Carla Bruni habillée par des grands stylistes : « Il s'agissait d'une dizaine de pages à l'intérieur du journal. Quand j'ai soumis l'idée à Carla, elle m'a répondu : "Oh ! Patrick, j'aurais adoré, mais je suis première dame et je ne peux plus faire ça." De toute façon, le projet est tombé à l'eau. Finalement, c'est Michelle Obama qui a été dans *Vogue*. Mais en une [2]. »

Qu'importe, Carla Bruni n'est pas femme à s'incliner aussi facilement. Patiente, elle attend son heure. De fait, en avril 2009, les dirigeants du G20 sont conviés avec leurs épouses à un dîner dans les

---

1. Entretien avec l'auteur, 4 décembre 2009, New York.
2. *Vogue US*, mars 2009.

appartements privés du Premier ministre britannique. Curieusement, Nicolas Sarkozy arrive non seulement avec beaucoup de retard, mais également sans sa femme, et sans même avoir prévenu qu'il ne serait pas accompagné. Ce n'est pas la première fois que cela se produit : près de deux ans plus tôt, le président français était déjà venu seul déjeuner à Walker's Point, la résidence de la famille Bush, Cécilia ayant prétexté « une angine blanche » à la dernière minute. Ce *bis repetita* fait mauvais effet. Carla, pourtant, n'est pas malade. Seulement, pour sa première rencontre avec son homologue américaine, elle ne tient pas à partager la une noyée dans une brochette de premières dames.

*

L'occasion du face-à-face tant attendu se présente quelques semaines plus tard, lors du soixantième sommet de l'Otan, à Strasbourg : enfin, Carla Bruni rencontre Michelle Obama, avec laquelle elle passe quelques heures. La presse commente allègrement le concours de la petite robe noire et du manteau noué autour du cou : Christian Dior pour la première, le créateur américain Thakoon pour la seconde. En juin 2009, les deux premières dames se retrouvent à Caen, en Normandie, pour le soixante-cinquième anniversaire du débarquement allié. La veille des cérémonies, les Obama ont refusé une invitation à l'Élysée. Qu'importe le camouflet :

Carla Bruni tient enfin là l'occasion de faire vérita-
blement connaissance... et de rivaliser de grâce
dans la robe blanche ceinturée qu'elles ont toutes
les deux choisie, comme un fait exprès, dans leurs
gardes-robes respectives.

Désormais, Carla parle de Michelle comme de
son « amie » – « Obama ? C'est mon copain », a
lâché pour sa part Nicolas Sarkozy. Las ! sa nouvelle camarade de scène politique ne semble guère
désireuse de faire fructifier cette amitié. En juillet
de la même année, alors que Carla Bruni, pourtant
présente en Italie, boude à nouveau le raout officiel
du sommet du G8, à l'Aquila, au grand dam de
tous les journalistes présents – et de ses compa-
triotes italiens –, Michelle Obama s'affiche partout
avec Sarah Brown, l'épouse de l'ancien Premier
ministre britannique. La First Lady, de toute évidence, ne goûte guère le star-system et ne tient pas à
être associée à la sulfureuse première dame française.
Ce même été, cette dernière s'envole à New York avec
son mari pour y donner – elle qui a pourtant annoncé
qu'elle ne remonterait pas sur une scène française
tant que son mari serait président – un concert en
hommage à Nelson Mandela. Alors que son président de mari en profite pour faire un discours à
l'ONU, elle attend l'invitation de Mme Obama... en
vain.

*

Deux mois plus tard, les Sarkozy sont de nouveau sur le sol américain, où ils déjeunent avec les
Attias. Monsieur assiste à l'Assemblée générale de
l'ONU et rejoint son épouse au très chic Candle
Café où se retrouve le gratin des grandes fortunes
américaines dans le but d'honorer la nouvelle fonction de Carla, en tant qu'ambassadrice pour le
Fonds mondial de lutte contre le sida, qui doit
intervenir à l'ONU, dans le cadre d'une réunion
avec des ONG. Saisissant cette opportunité de rap-
prochement avec Michelle Obama, Carla Bruni
s'arrange pour faire comprendre à la presse que la
First Lady américaine sera présente à l'ONU. Peine
perdue : la Maison-Blanche informe les journalistes
par mail qu'aucune visite à la première dame française n'est prévue dans son agenda. La première
dame devra se rabattre sur Rania de Jordanie.

Toutes les deux se retrouvent néanmoins à
Pittsburgh, pour la visite, dans un quartier défavo-
risé, du Pittsburgh Creative and Performing Arts
School. Sur la tribune improvisée pour l'occasion,
Michelle Obama professe la possibilité de tout un
chacun d'apporter sa touche à l'édifice culturel du
pays. Normal : elle prend son rôle à cœur. Aussi,
quand Carla Bruni lui confie en aparté, comme le
raconte Lynn Sweet sur son blog [1], que « les Français ne savent pas faire trois choses en même
temps : impossible pour eux de danser, chanter et

---

1. http://www.politicsdaily.com/2009/09/26/quel-fromage-
italian-born-mrs-sarkozy-tuts-to-michelle-that-am/3.

jouer en même temps ! ». Ce n'est pas la First Lady qui aurait pu ainsi dénigrer un pays présidé par son époux. Par chance pour Carla Bruni, ses propos n'ont jamais été repris en France.

En tout cas, elle ne pense alors qu'à une chose : être enfin reçue à la Maison-Blanche. Or l'invitation se fait attendre : le bling-bling de Nicolas et l'ex-vie tumultueuse de Carla ne font pas des Sarkozy un couple très fréquentable aux yeux des Obama, lesquels reculent le plus possible le moment où ils devront leur faire les honneurs de leur demeure. L'apparition, dans un épisode des Simpsons, d'une Carla Bruni aux allures de « vamp », la cigarette à la lèvre, proposant à Carl Carlson[1], un ami d'Homer Simpson en visite à Paris, de coucher avec elle n'arrange rien à l'affaire...

*

Toutefois, en mars 2010, soit quatorze mois après son élection à la présidence des États-Unis, Barack Obama se décide enfin à inviter officiellement le couple Sarkozy chez lui, à Washington. Certes, il s'agit là d'une simple visite officielle, non d'une visite d'État, mais c'est assez pour les Sarkozy, lesquels, empêtrés dans les rumeurs d'infidélité qui empoisonnent leur vie publique en France, comptent bien sur ce voyage pour se refaire une santé médiatique.

---

1. Épisode intitulé *Le Diable s'habille en nada*, en référence au film *Le Diable s'habille en Prada*, diffusé le 15 novembre 2009 aux États-Unis.

La première étape de ce périple de quarante-huit heures a lieu à New York, face aux étudiants américains de la prestigieuse université Columbia. Carla, au premier rang, semble s'ennuyer ferme : apparemment, la diatribe moqueuse de son mari à l'encontre de la grande réforme de santé enfin votée par le Congrès américain ne l'intéresse guère. Elle reprend un semblant de contenance lors de la visite de la Julliard School, une des écoles de musique les plus réputées du pays, où elle s'extasie devant le manuscrit de *La Flûte enchantée*, de Mozart. Les quelques journalistes français invités à couvrir l'« événement » s'amusent de voir cette professionnelle des caméras tenter d'accrocher les objectifs par tous les moyens. Carla Bruni n'hésite d'ailleurs pas à répéter « c'est un jour pluvieux aujourd'hui » : la première fois, les caméras étaient trop éloignées pour avoir le temps de la filmer.

Bien sûr, les journalistes politiques français qui ont fait le voyage pour suivre le président sont invités à accompagner Carla dans ses rares déplacements. « Un membre du service de presse de l'Élysée a essayé de me convaincre en me disant qu'elle était persuadée que Carla allait accrocher avec moi ! raconte un reporter hilare. Mais j'ai dit non : suivre Carla, c'est une punition. Elle ne dit rien et semble toujours tétanisée par les journalistes de la presse écrite. Elle ne revit que lorsqu'elle entend les crépitements des appareils photo ou qu'elle aperçoit une caméra. » D'autres, qui ont obtenu le précieux sésame, ont été blacklistés une fois sur place. Une jeune journaliste du magazine *Point de vue*, bien qu'accréditée par l'Élysée pour cette visite officielle, s'est ainsi vu interdire de suivre Mme Sarkozy. Son crime ? Aucun, sinon le fait de travailler pour un journal dont la rédactrice en chef, Colombe Pringle, n'est pas dans les petits papiers de la première dame. « Michelle aussi a ses journalistes chouchous, remarque Lynn Sweet [1], la correspondante du *Chicago Sun Times*, mais une fois que vous êtes accrédité pour la suivre en déplacement ou à la Maison-Blanche, vous ne serez jamais blacklisté. Michelle Obama n'est pas autoritaire ni obsédée par les photographes. D'ailleurs, elle n'a rien à cacher : son seul péché mignon, c'est de faire deux heures de sport par jour. » En outre, aucun journal américain n'utilise les clichés du seul photographe officiel de la Maison-Blanche : « Aux États-Unis, nous estimons que nous pouvons faire nos propres photos », poursuit Lynn Sweet.

À New York, où Carla Bruni est attendue, après la Julliard School, dans un deuxième établissement scolaire, les photographes accrédités, eux, en sont pour leurs frais : au milieu de la visite, la première dame s'éclipse. « C'est par la culture et la pratique des arts que l'épouse de Nicolas Sarkozy entend lutter contre les barrières sociales », a précisé le communiqué officiel afin de justifier ces microvisites. Hélas, aucun élève français n'a encore été

---

1. Entretien avec l'auteur, 31 mars 2010, Washington.

sélectionné par la Fondation Carla Bruni-Sarkozy pour apprendre à jouer de la flûte à New York...

Le lendemain, Nicolas Sarkozy est attendu au Congrès américain, à Washington, à 11 heures précises. Le sénateur John Kerry patiente pendant... trois quarts d'heure. « Le président a rencontré un problème lié à la pluie qui s'abat sur le Capitole », se voient répondre les journalistes venant aux nouvelles. Interrogés, des membres de la sécurité finissent par glisser : « C'est souvent comme ça, le président est toujours en retard. Peut-être se font-ils des câlins ? » Câlin ou pas, l'attente est insupportable pour les responsables du service protocolaire français, qui semblent très embarrassés de faire ainsi perdre son temps au sénateur John Kerry. Enfin, notre président arrive au pas de charge. À la stupéfaction des adjoints du sénateur du Massachussets, Louis, le fils cadet de Nicolas Sarkozy, âgé de douze ans, trottine sur ses talons, accompagné de Henry, l'un de ses camarades de classe. Les Américains médusés voient Sarkozy père et fils s'engouffrer dans le bureau de l'ancien candidat à l'élection présidentielle américaine en 2004, où le plus jeune s'installe juste derrière son aîné. Difficile, en faisant preuve d'un tel sans-gêne, de regagner du respect auprès de leurs hôtes. De fait, en riposte peut-être : « Lors de la conférence de presse à la Maison-Blanche, Obama n'a cessé d'appeler Nicolas Sarkozy par son prénom, remarque très justement un journaliste américain. C'est un peu cavalier, non ? »

« *Mon amie Michelle Obama* »

Pis : à Washington, Michelle Obama n'a prévu aucune visite en journée en compagnie de Carla Bruni, pas même un thé à la Maison-Blanche, « ce qu'elle a pourtant l'habitude de faire avec les épouses de chefs d'État », note encore un habitué. Peut-être Michelle reste-elle abasourdie par les confidences de Carla quelques mois plus tôt : la première dame de France et le président de la République auraient fait attendre, lui avait ainsi glissé Carla Bruni-Sarkozy, la reine Élisabeth lors d'un rendez-vous parce qu'ils faisaient... l'amour, confidence que rapportera, plus tard, dans un livre, un journaliste américain[1]. Le soir, le dîner à la Maison-Blanche, qu'elle espérait pourtant de tous ses vœux, a été expédié en moins de deux heures.

*

Entre Carla la scandaleuse et Michelle la discrète, c'est en fait le choc des cultures. La première, par exemple, n'hésite pas à s'afficher dans un numéro spécial du *Figaro Madame*[2] une semaine après l'échec cuisant aux régionales de l'UMP, donne ses recettes pour se reposer sur une île privée près de Bora Bora – 20 000 euros la semaine – ou offre plusieurs pages à ses deux amies Farida Khelfa, Mme Seydoux dans la vie, et l'actrice Marine Delterme posant en perfecto

---

1. Jonathan Alter, *The Promise : President Obama, Year One*, 2010, Simon & Schuster Adult.
2. *Madame Figaro*, 27 mars 2010.

en python et escarpins Louboutin dans les couloirs du palace parisien Le Raphaël.

La deuxième, elle, met un terme au contrat de Desiree Rogers, la « Social Secretary », autrement dit le chef du protocole, de la Maison-Blanche : cette diplômée de Harvard, première Afro-Américaine à occuper ce poste stratégique et qui devait faire de la présidence une « maison du peuple » ouverte à tous, a eu le mauvais goût, en ces temps d'austérité, de poser pour des revues chics (*Vogue, Wall Street Journal*) en robe glamour et bijoux hors de prix. Christophe Girard[1], l'adjoint de Bertrand Delanoë, résume ainsi la différence entre les deux premières dames les plus célèbres du monde : « Le glamour est aujourd'hui de l'autre côté de l'Atlantique. Quand ils sont venus en France, les Obama ont visité le quai Branly avec leurs enfants. Ils n'ont pas été à Eurodisney ! Reconnaissez que, pour l'image, officialiser son histoire chez Mickey, c'est assez épouvantable. Ça me chagrine de me dire que c'est la France des 4 × 4. »

Il faut croire que c'est plus qu'un océan qui sépare les deux premières dames. Aux États-Unis, Michelle Obama, dont les comptes de secrétariat sont publics – vingt-six personnes travaillent pour elle dans la partie Est de la Maison-Blanche –, bénéficie d'un statut à part entière, assorti d'un budget de fonctionnement d'un million de dollars. Carla Bruni, elle, souffre d'un rôle mal défini par la Constitution française. Le député apparenté

---

1. Entretien avec l'auteur, 3 juillet 2009, Paris.

socialiste de l'Aisne René Dosière [1], spécialiste des comptes de la présidence de la République, trouve d'ailleurs « anormale l'absence de transparence sur les fonds utilisés par la première dame de France ». Le secret qui entoure les comptes de la Fondation Bruni-Sarkozy serait en effet tout bonnement impensable outre-Atlantique. Le règne opaque de Carla Bruni est décidément trop éloigné des préoccupations de Michelle Obama.

---

1. Entretien avec l'auteur, 18 mars 2010, Paris.

18

L'or d'Alberto

Plus de trente ans qu'elle vivait dans l'opulence. Plus de trente ans qu'elle connaissait la vie de château, avec chauffeurs, domestiques, yacht et collection de résidences secondaires. Son mari, ancien capitaine d'industrie, était très riche et elle le savait mieux que quiconque pour avoir partagé son fastueux train de vie depuis leur mariage en 1959. Et pourtant... Quand elle a découvert, en 1996, l'héritage que lui laissait son époux Alberto, emporté par la maladie a l'âge de quatre-vingt-un ans, Marisa Bruni-Tedeschi est tombée des nues. « Une montagne d'or ! s'est-elle écriée auprès de son vieil ami Gian Piero Bona, le biographe de la famille. Alberto m'a laissé une montagne d'or [1] ! »

*

Voilà une étrange réflexion de la part d'une personne qui a cultivé, avec l'aisance de ceux qui n'ont jamais eu à compter, l'image d'une femme

----

1. Entretien avec l'auteur, 29 juin 2010, Turin.

amoureuse de l'art et détachée des contingences matérielles. Ce serait oublier que Marisa n'a pas toujours connu un tel confort. Sa mère, Renée Planche, était originaire de Saint-Étienne. Son père, Carlo Dominico Borini, un petit entrepreneur italien. Quand Marisa rencontre Alberto Bruni-Tedeschi, elle a vingt-huit ans ; lui quarante-trois. Fascinés par la fortune familiale de leur futur gendre, les parents de Marisa pressent leur fille d'être patiente. Les fiançailles durent cinq ans : c'est long, mais l'aubaine mérite tous les sacrifices.

Il faut dire qu'Alberto, héritier de la deuxième famille d'industriels turinois après les Agnelli, membre de la haute bourgeoisie piémontaise, est l'un des plus beaux partis de la ville. Après la guerre, son père, Virginio, un entrepreneur visionnaire, a diversifié la CEAT, l'entreprise de câbles fondée par le grand-père en 1888, dans les pneumatiques pour l'industrie automobile. Il en a fait ainsi l'une des affaires les plus prospères de la péninsule. En moins d'un siècle, la famille a accumulé une fortune considérable et constitué un énorme patrimoine immobilier : une immense demeure à Moncalieri, dans le Piémont, les châteaux de Moriondo et de Castegneto Po, une résidence historique près du château de Rambouillet, des maisons à Saint-Paul-de-Vence, Rome et Turin, de grands appartements parisiens... Certes, la bonne société turinoise, mal à l'aise avec les origines juives et le train de vie ostentatoire de Virginio, ne l'a jamais tout à fait accepté. Et le comble est qu'en se convertissant à la foi catholique de sa première femme, Orsola Bruni, le même Virginio a été banni de la communauté juive et interdit de synagogue. Cependant, il reste l'un des personnages les plus en vue de Turin.

Alberto, son fils, a repris les rênes de son petit empire industriel au début des années cinquante. Mais le nouveau patron, qui règne sur une cinquantaine d'usines et quelque 30 000 salariés, nourrit une tout autre passion, dévorante en vérité : la musique. Lui qui a écrit ses premières compositions à douze ans travaille dorénavant la musique classique tous les jours pendant trois heures avant d'aller au bureau. « Il composait dès qu'il avait cinq minutes devant lui, se souvient le célèbre pianiste Riccardo Caramella [1], un de ses proches amis. Au siège social de la firme, il s'isolait entre ses rendez-vous dans une antichambre composée d'une immense table sur laquelle s'étalaient des cahiers de musique. C'est là qu'il écrivait ses opéras, parfois en restant debout. » C'est la musique qui lui fait croiser la route de Marisa Boroni, une jeune pianiste concertiste de talent qu'il a invitée à venir jouer chez lui. Avant même leur mariage, qualifié de « mésalliance » selon certains membres du clan Bruni-Tedeschi, le couple a élu domicile au château de Castegneto Po, à vingt-cinq kilomètres de Turin. C'est là, dans cette imposante résidence piémontaise de quarante pièces dominant un parc de 1 500 mètres carrés, que naissent Virginio en 1959, Valeria en 1964 et Carla en 1967.

---

1. Entretien avec l'auteur, 4 mars 2010, Mandelieu.

*

Leur gouvernante de l'époque, Teresa Bello [1], qui nous a reçu chez elle, dans son village près de Vérone, dans un appartement aux allures de loft new-yorkais, avec meubles design et parquets en bois clair, caresse avec émerveillement de vieux clichés jaunis de l'ancienne propriété des Bruni-Tedeschi : « Vous voyez ce jardin ? À mon époque, c'était un potager. Tout cela a été transformé plus tard, mais le château était déjà magnifique, avec des fontaines de marbre dans le parc, des lustres de cristal dans toutes les pièces, des œuvres d'art aux murs et de très beaux meubles anciens. »

Comme son père, Virginio, amateur de l'art antérieur au XVIIIe siècle, Alberto a le goût des choses belles et chères. Presque trop. Un proche des Bruni, familier des lieux, porte un regard plus circonspect sur la décoration du Castel piémontais : « Tous ces buffets serrés les uns contre les autres, ces canapés recouverts de dentelle et ces murs surchargés de toiles de maîtres faisaient nouveau riche, en réalité. » Alberto Bruni-Tedeschi, qui passe des heures à chiner chez les antiquaires, dépense sans compter quand il s'agit d'objets d'art. Aux pneumatiques cet industriel préfère les meubles classiques, les peintures de Lorenzo Lotto, Francesco Guardi, Defendente Ferrari et Canaletto, les œuvres de Flamands ou encore les tapisseries des Gobelins.

---

1. Entretien avec l'auteur, 20 mai 2010, Trento.

L'homme, pourtant, n'est pas toujours aussi dispendieux. Une amie d'enfance[1] de Carla Bruni se souvient d'un déjeuner à la résidence du cap Nègre, où les Bruni-Tedeschi passaient leurs vacances : « Quand je me suis resservie, le père de Carla a remarqué à voix haute : "Eh bien, vas-y, fais comme chez toi et vide notre frigo !" » Atavisme familial ? Dans sa biographie dédiée à son ami Alberto, *L'Industriel dodécaphonique*[2], Gian Piero Bona raconte comment le père, Virginio, « *padre pedrone* » tyrannique, a déshérité sa propre fille pour un bol de soupe aux haricots : « Lors du déjeuner qui a suivi l'enterrement de sa seconde femme, la gourmandise de sa fille, inappropriée dans un moment de deuil, l'a beaucoup choqué. » Son fils serait-il fait du même bois ? Gian Piero Bona, qui a écrit de nombreux livrets d'opéra pour Alberto Bruni-Tedeschi, avoue avoir lui-même fait les frais de la nature économe de son ami : « Il ne payait jamais comptant. Bien souvent, même, il ne m'a tout bonnement pas payé pour mes livrets. »

*

La musique est restée l'unique passion de cet industriel aux multiples facettes qui, quand il ne compose pas des opéras, assure également la direction artistique du théâtre Reggio de Turin. Elle lui

---

1. Entretien avec l'auteur, 28 septembre 2009, Paris.
2. Éditions Marsilio, 2003.

permet de se constituer une cour de musiciens désargentés, qu'il recevait tel un monarque chez lui à Castegneto Po.

Dans les années 1970, il décide de se retirer des affaires pour se consacrer à elle et revend la CEAT, branche par branche. Autre génération, autres mœurs : son grand-père était le bâtisseur, son père, le consolidateur de l'entreprise familiale et lui, Alberto, entrepreneur qui a toujours vécu dans l'ombre paternelle, est l'héritier qui va la liquider.

C'est à cette époque que la famille Bruni-Tedeschi quitte l'Italie pour s'installer en France. Nous sommes en 1974. Une expatriation qu'elle a toujours justifiée par la crainte de voir les Brigades rouges enlever leurs enfants. « Les Brigades rouges ? Elles n'expliquaient qu'une partie de ce départ, corrige un industriel turinois. Alberto avait surtout envie de changer de vie en plaçant tous ses avoirs en France et en Suisse. » Les Agnelli, eux, n'ont jamais déserté le navire sous prétexte que leurs vies étaient menacées. Ni aucune des grandes familles de la bonne société turinoise. D'ailleurs, quand la biographie de la famille, commandée par Marisa à son ami Gian Piero Bona, sera publiée en 2003, aucun grand nom du business n'assistera au cocktail de lancement du livre au siège de l'Association des industriels turinois.

*

En Italie, le patriarche n'a jamais pu se résoudre, cependant, à vendre le château de Castegneto Po. Ce n'est qu'après son décès que Marisa et ses filles s'en chargeront, finissant de démanteler l'empire familial des Bruni-Tedeschi.

En mai 1996, soit trois mois après sa disparition, Marisa, Valeria et Carla montent les marches du festival de Cannes, où le film *La Seconda Volta* de l'Italien Mimmo Calopresti, dans lequel Valeria interprète, comme par défi au passé, le rôle d'une brigadiste, a été sélectionné en compétition officielle. Le pianiste Ricardo Caramella[1], installé en France, les accompagne ce jour-là : « Carla était déjà très connue et les photographes hurlaient son nom pour qu'elle pose devant leur objectif. Marisa, très émue, a soupiré : "Ah, si seulement mon Alberto était encore vivant pour voir ça..." »

En 2007, le patriarche n'est plus là non plus pour voir une partie de sa précieuse collection de meubles et d'œuvres d'art, celle que contenait la demeure de Castegneto Po, adjugée pour plus de 18 millions d'euros chez Sotheby's. Somme qui aurait été reversée, selon la famille, à la Fondation Virginio Bruni-Tedeschi, du nom de leur fils décédé en 2006. Pour ses obsèques, organisées au cap Nègre, la famille a affrété des jets privés pour les invités. La page piémontaise de l'histoire du clan Bruni-Tedeschi, elle, se tourne définitivement en 2009, quand la

---

1. Entretien avec l'auteur, 4 mais 2010, Mandelieu.

famille décide de vendre la demeure turinoise, inhabitée depuis de nombreuses années. Estimé à 9 millions d'euros, le castel est mis sur le marché au début de l'année. Six mois plus tard, c'est l'homme d'affaires saoudien Al-Walid, qui se porte acquéreur de la propriété pour... 17,5 millions d'euros, un prix largement surestimé selon plusieurs sources proches du dossier. « Nicolas Sarkozy lui-même est intervenu dans les négociations », lâche un conseiller de l'Élysée. Doit-on y voir une coïncidence ? Le roi saoudien a été invité, pour la première fois dans l'histoire de la République, à assister au défilé sur les Champs-Élysées le 14 juillet 2010, avant d'annuler sa visite quarante-huit heures plus tôt.

*

Une chose est sûre, la fortune de son épouse fascine le chef de l'État, comme les parents de Marisa avant lui. Devenu le châtelain par alliance, il prend à cœur la gestion de ce gigantesque patrimoine qui a tant fait rêver les Français au moment de son mariage avec Carla Bruni. Quand il a visité le château de Castegneto Po, en juillet 2009, à l'occasion du G8, son périple a d'ailleurs pris l'allure d'une visite officielle : « Il a fait bloquer toutes les routes du village, personne ne comprenait ce qui se passait », raconte en levant les yeux au ciel un employé de la mairie de ce village de mille six cents âmes.

Il faut dire que ce castel participe à la légende du clan Bruni-Tedeschi. Marisa a d'ailleurs confié à Gian Piero Bona la rédaction d'une brochure très chic sur l'histoire de la demeure, dans laquelle elle-même pose, telle la descendante des prestigieux occupants des lieux mille ans auparavant, à l'ombre du très royal châtaignier du parc... Son époux n'a pourtant acquis cette demeure qu'en 1952. Tout à sa prestigieuse mise en scène, Marisa a versé un premier acompte à son ami romancier... et omis de régler le second, semble-t-il. De fait, la générosité n'est guère prisée dans la famille, laquelle n'a jamais donné un centime au village. Pendant le festival de musique classique, en juillet, alors que parcs et jardins de la région accueillaient des concertos, elle-même faisait payer l'entrée de son jardin. « Aucun villageois n'a pu visiter l'intérieur de cette résidence quasiment historique, contrairement à leurs voisins de la villa Cimena, qui ouvrent grande leur porte aux habitants deux fois par an », regrette un autre employé municipal.

Qu'importe : vu de l'Élysée, le château turinois a valeur d'emblème, celui d'une famille prompte à se confondre avec les grands d'Italie. « Marisa m'avait invitée un soir à un dîner qu'elle donnait à Turin dans son château. Au mur, j'ai repéré un Bruegel, que j'ai retrouvé plus tard dans les appartements privés de l'Élysée[1] », s'enthousiasme l'ancien ministre de la Culture Jack Lang, très impressionné par la superbe des Bruni-Tedeschi.

---

1. Entretien avec l'auteur, 2 septembre 2009, Paris.

19

La malédiction des Bruni-Tedeschi

Ne jamais révéler ses secrets. Ne jamais confier ses tourments. Même à un ami que vous payez pour écrire votre histoire officielle. Même quand vous avez pris soin de le récompenser généreusement en lui offrant une croisière autour du monde sur le mythique *Queen Mary 2*. Tôt ou tard, l'ami éprouvera l'irrésistible envie de partager les étonnantes confidences recueillies un jour de solitude. C'est exactement ce qui s'est passé quand Gian Piero Bona, le biographe des Bruni-Tedeschi, a commis l'indiscrétion de révéler en public un élément embarrassant. Ils avaient beau se connaître depuis cinquante ans, il avait été étonné en apprenant le silence qui avait régné sur ce sujet du vivant d'Alberto. Le « traître », comme l'a appelé Valeria un jour au téléphone, ne pensait pas que son indiscrétion, liée au fait que le père biologique de Carla n'était pas le mari de Marisa, heurterait les sentiments d'une famille si prompte elle-même à s'épancher publiquement. Dans *Il est plus facile pour un chameau...* long-métrage sorti sept ans après la mort de son père, Valeria la première n'a pas hésité à dévoiler que sa petite sœur était une enfant illégitime. Dans ce film en forme d'autoportrait familial, où Marisa joue son propre rôle, la comédienne raconte aussi que c'est sur son lit de mort qu'Alberto Bruni-Tedeschi l'a enfin révélé à Carla. Oui mais voilà : officiellement, Marisa a toujours sous-entendu que son mari avait élevé sa cadette comme sa fille en toute connaissance de cause. En réalité, le patriarche n'en a jamais eu que le pressentiment : sans doute était-il conscient que dans son couple libéré une telle chose était envisageable. Simplement envisageable.

*

A Turin, le mode de vie de Marisa, entourée en permanence de musiciens, fait jaser dans les fastueuses demeures de la haute bourgeoisie. « Marisa était une femme peu commune, explique le romancier Gian Piero Bona[1]. Elle était belle, grande, blonde, richissime... et très libre. » Autrement dit, un peu trop française au goût des notables de cette ville de province, certes francophile, mais avant tout catholique et bien-pensante, où l'on a très vite rangé les Bruni-Tedeschi dans la catégorie des parvenus.

1. Entretien avec l'auteur, 28 juin 2010, Turin.

Peu mondains, Marisa et Alberto ne reçoivent pas de grandes familles de la région en leur château, à l'exception des artistes qui gravitent dans l'entourage du couple. Au sein de la famille, Marisa ne fait pas mystère de ses quelques écarts de conduite. Sa liaison avec Maurizio Remmert, un guitariste rencontré lors d'un concert, dure six ans. Quand Marisa accouche, à trente-deux ans, de sa petite Carla, personne, pourtant, ne se doute alors que ce Remmert, âgé de dix-neuf ans à peine, est le père naturel de l'enfant. Lui le sait, mais il se tait. « Pour lui, estime un proche, la question ne se posait pas : Carla était une Bruni, un point, c'est tout. Il pensait que cette petite serait bien plus heureuse dans son château. » Pendant quelques années, Maurizio Remmert voit grandir cette fille qu'il n'a pas reconnue, avant de s'exiler au Brésil en 1975.

À Turin, il y a bien quelques rumeurs, mais nul n'a de certitude. Même Riccardo Caramella [1], pourtant assez proche du propre frère de Remmert, demeure dans l'ignorance durant de longues années. Une proche de Marisa nous confie : « Quand nous étions en vacances sur le lac de Côme, mon enfant jouait avec une petite fille qui s'appelait Consuelo. Elle vivait très loin à l'étranger, mais revenait chaque été en Italie. Nous avons appris des années plus tard qu'il s'agissait en réalité d'une autre fille de Remmert, autrement dit la demi-sœur de Carla. C'est fou ! » L'existence de

---

1 Entretien avec l'auteur, 4 mars 2010, Mandelieu.

cette fillette, de seize ans la cadette de Carla, finit par s'ébruiter à Turin. « Les gens parlaient de cette histoire en ville, poursuit une aristocrate turinoise. Un jour, la femme de Remmert a lancé à la cantonade qu'elle était la tante de Valeria. Tout le monde était très gêné... » poursuit cette amie.

Si Alberto Bruni-Tedeschi, lui, a des doutes, il n'en montre rien. À la différence de son père, infidèle notoire et peu soucieux du qu'en-dira-t-on, l'industriel ne tient pas à faire de vagues. Lui qui a toujours fermé les yeux sur le style de vie de son épouse finit par la rappeler à l'ordre après l'une de ses aventures. « Entre Marisa et le célèbrissime pianiste Benedetti Michelangeli, c'était passionnel, raconte un proche de l'industriel. Quand leur liaison s'est terminée au bout de deux ans, Marisa, en larmes, a poussé des hurlements dans toute la maison. Pour la première fois, Alberto a menacé : "Ça suffit ! Tu vas te calmer maintenant, sinon, tu quittes la maison." »

*

L'aventure avec Michelangeli, Gian Piero, le biographe de la famille, la raconte à mots couverts dans son livre, commandé par Marisa dix ans après le décès de son mari. Après la disparition de l'ombrageux et autoritaire Alberto, les langues se sont enfin déliées, révélant au grand jour ce que tous, jusque-là, s'étaient efforcés de cacher. Même Maurizio Remmert attendra janvier 2008 pour officialiser, une seule fois, qu'il est bien le père biologique de Carla. En 2003, Valeria en a donné un premier aperçu dans son film *Il est plus facile pour un chameau...*, avec Marisa jouant son propre rôle. « Nous étions tous surpris de voir la vie de cette famille étalée au grand jour, raconte une proche : tous les secrets les plus intimes y étaient relevés. Nous qui les connaissions bien avons retrouvé tant de détails familiers... » Le film, pour autant, n'a pas fait l'unanimité au sein du clan. « Gigi, la sœur de Marisa, a trouvé qu'il était malsain », se souvient un familier. Quelques années plus tard, la même Gigi exige des coupes dans le manuscrit de *L'Industriale dodecafonico* de Gian Piero Bona, que ce dernier a fait relire à tous les membres de la famille avant publication. « Marisa, elle, était très contente que j'évoque sa liaison avec Michelangeli : c'était un pianiste célèbre ! » La sœur de Marisa, qui accompagnait parfois Alberto, selon des membres de son entourage, dans ses déplacements à l'étranger, souhaitait-elle éviter que l'on en dévoile trop ? Toujours est-il que « Gigi, elle, a refusé d'apparaître dans la biographie comme la belle-sœur si dévouée et si proche ».

Gigi, c'est la sœur aînée. À la différence de l'autre sœur de Marisa, qui a eu deux filles, cette femme « fantasque », selon Riccardo Caramella, ne s'est jamais mariée et a toujours vécu dans l'entourage des Bruni-Tedeschi. Elle en est un membre à part entière, un membre « indispensable », souligne Caramella, qui « s'occupait de l'intendance, et achetait les vêtements de ses trois neveux et nièces ». De là à s'immiscer dans l'intimité du couple de sa sœur ? Difficile, de fait, de ne pas voir dans ces relations complexes un écho au passé des Bruni-Tedeschi. On pense, notamment, au tyrannique Virginio, le père d'Alberto, qui trompa ses trois épouses au point de plonger la dernière, Federica, dans une dépression alcoolisée [1]. Désespérée, cette même Federica tenta d'ailleurs de séduire Alberto, fils du premier lit de son époux...

*

L'Histoire se répète donc, à cette différence près que les femmes de la troisième génération de Bruni-Tedeschi reproduisent les travers des hommes de la lignée. Quant à la quatrième, baignée depuis l'enfance dans l'atmosphère familiale libérale, elle se conforme au modèle.

Flottant dans l'air depuis des générations, le parfum sulfureux de cette famille se dégage des clichés que le photographe Helmut Newton réalise au début des années 1990 : une série de portraits de Carla et des siens dans leur propriété du cap Nègre. Sur l'un des clichés, le mannequin, vêtu en tout et pour tout d'un pantalon noir taille haute, pose la poitrine nue à côté de son frère, Virginio, lui-même en maillot de bain, dans les allées du parc. Dans cette même série, Newton immortalise Carla avec

---

1. *Le Point*, 7 février 2008.

ses parents : la jeune fille de vingt-quatre ans, la cuisse nue et le regard de braise, est assise à la façon d'une lolita sur les genoux d'Alberto, patriarche aux cheveux blancs, tandis que Marisa, corps fatigué moulé dans un maillot deux-pièces couleur chair, se tient debout derrière eux. Seule personne du trio à être quasi dévêtue, la mère est comme exclue de ce couple formé par sa fille et ce père non biologique. Une photo éminemment suggestive, « tellement perverse pour la mère », s'étonne encore le photographe Marc Hispard [1], qui en dit long sur le rapport à la séduction de la mère et de la fille.

Adepte, comme Marisa, du « name dropping » d'amants célèbres, Carla n'a jamais eu peur, elle non plus, d'étaler publiquement ses conquêtes. Crânement, elle a lancé un jour à un journaliste : « Si tu as deux cent cinquante gonzesses, tu es un charmant Don Juan. Mais si moi, je me permets d'avoir cinquante mecs, on sait ce que je suis : je suis une pute, qui ne se fait pas payer, certes, mais voilà. » Toutefois, la première dame a également prouvé qu'elle savait, aussi, flirter avec l'interdit. Au point, raconte un proche de la famille, de se faire sermonner par sa propre mère, « quand elle est sortie successivement avec Jean-Paul et Raphaël Enthoven, celle-ci trouvant qu'elle exagérait. Mais était-elle la mieux placée pour oser la critiquer, lui avait signifié vivement et en substance Carla. » Quant à Gian Piero Bona, il estime que « Marisa manque parfois de sensibilité dans les

---

1. Entretien avec l'auteur, 19 octobre 2009, Paris.

255

rapports humains ». Sa fille serait-elle faite dans le même moule, le contrôle de l'image en plus, grâce, entre autres, à quinze années passées sur le divan d'un psychanalyste pour arriver à surmonter l'atavisme familial ? Comme Marisa, Carla a voulu réécrire cette histoire qu'elle avait patiemment édifiée à grand renfort de couvertures de magazines. Mais beaucoup trop tard pour que l'on y croie tout à fait.

20

Une enfance solitaire

Elle était l'enfant illégitime, la mal-aimée, la complexée, celle qui a dormi avec sa nounou jusqu'à l'âge de six ans et que sa mère, pendant les vacances, réveillait avec son piano au son de *La Marche turque* de Mozart : de Carla on devinait l'enfance dorée, les journées passées à gambader dans l'immense parc du château turinois et les vacances sous le soleil azuréen. Le mystère, c'est cette petite fille riche et élevée par des nurses mais tellement seule. Aujourd'hui, la première dame, calfeutrée dans son hôtel particulier du quartier de la porte d'Auteuil à Paris, loin du tumulte de la cour élyséenne, dit aimer la solitude. La vérité, pourtant, c'est qu'elle n'a eu de cesse de la combattre. Jacques Séguéla [1], le célèbre publicitaire et proche de Carla, confie : « Elle déteste la solitude. » Toutes ces années, elle a cherché un refuge, que ce soit dans le giron maternel d'une nounou, au bras d'une célébrité ou dans le cocon d'amis

---

1. Entretien avec l'auteur, 10 juin 2010, Suresnes.

fidèles, tels ses deux témoins de mariage, le compositeur Julien Civange, le copain célibataire, et l'actrice Farida Khelfa, l'amie intime, ou auprès de son indétrônable confident, Franck Demules, son secrétaire particulier pendant des années.

*

« C'était une enfant solitaire », raconte Teresa Bello [1], une de ses premières nounous. « La Téré », comme l'appelait la petite Carla, qui avait trois ans quand cette « Tata », la gouvernante en italien, diplômée de la très réputée école de puéricultrices de Trento, a pris son service au château de Castegneto Po, auprès de six autres membres du personnel. Virginio avait déjà douze ans et Valeria, sept. « Les deux aînés allant à l'école, je m'occupais surtout de Carla, se souvient Teresa Bello. La nuit, je dormais dans sa chambre. » Pour les enfants Bruni-Tedeschi, livrés à eux-mêmes dès leur plus jeune âge, élevés, comme leur père quand il était petit, avec cette liberté des enfants fortunés, Teresa Bello était bien plus qu'une simple baby-sitter : c'était une maman de substitution, celle que les enfants saluaient avant d'aller embrasser leur mère, celle qui s'occupait de leur toilette, jouait et mangeait avec eux.

« Les parents dînaient seuls, précise cette dame aux yeux clairs et aux cheveux roux. Le matin, le "Dottore" Bruni partait travailler à 7 h 30. La

---

1. Entretien avec l'auteur, 20 mai 2010, Trento.

signora Bruni, elle, faisait ses gammes sur le piano jusqu'à midi. L'heure à laquelle son époux rentrait déjeuner. Dès qu'il était reparti vers 14 h 30, elle se remettait à son piano. » Autrement dit, les parents n'étaient pas très présents. « Monsieur était très distant et Madame très gentille, mais tout entière à sa musique », nuance l'ancienne nourrice avec tact. À en croire la gouvernante, Marisa ne se préoccupait d'ailleurs guère des contingences matérielles, laissant, par exemple, à sa sœur Gigi le soin d'acheter les vêtements. Ceux des enfants, mais les siens aussi. « Madame n'était pas coquette pour un sou. Même la nourriture n'avait pas beaucoup d'importance pour elle. Contrairement à Monsieur : un bon vivant qui adorait les repas fins et m'attendait toujours pour ouvrir ses paquets de fruits confits et de pâtes d'amande qu'il recevait à l'occasion des fêtes. Quand je l'ai accompagné à Paris, se souvient Teresa Bello avec nostalgie, il m'a emmenée dans de grands restaurants, où il commandait pour moi. »

*

En dehors de ces petits plaisirs culinaires, Alberto Bruni-Tedeschi était un homme ombrageux qui participait peu à la vie de famille. Il prenait rarement ses enfants dans les bras, mais quand ceux-ci l'interrompaient au milieu de ses compositions, il les chassait sans ménagement.

Marisa était plus complice avec ses enfants, mais ne pouvait pas leur consacrer beaucoup de temps à cause de ses nombreux concerts. Et quand elle ne se déplaçait pas, elle était très souvent entourée de jeunes musiciens, qu'elle accueillait parfois dans son château de Castegneto Po. Le pianiste Riccardo Caramella [1] n'avait que dix-sept ans lors de sa première rencontre avec Marisa Bruni-Tedeschi, de vingt-deux ans son aînée. Tous deux prenaient des cours de piano avec le même professeur, Maria Golia. « On est devenus amis très rapidement, raconte-t-il. Elle m'a présenté son mari, Alberto, un homme bourru, taciturne, généreux et talentueux. » Les deux hommes partagent le même amour de la musique. Au point que Riccardo est amené souvent à interpréter la *Fantaisie pour piano* d'Alberto lors de ses concerts à travers le monde. « C'est drôle, c'est arrivé une trentaine de fois et il n'a jamais assisté à mes concerts. Un jour, il m'a envoyé un fax de Turin alors que j'étais à Prague, raconte-t-il en nous montrant la copie d'un télex expédié de Prague, disant : "Bonne chance pour ce soir, je ne pourrai pas être là malheureusement." Pourtant, il s'y intéressait. Un jour, je lui ai avoué que je n'arrivais pas à jouer une partition, je ne la sentais pas. Il m'a répondu : "Musique coupée, musique pas sifflée, alors vas-y, enlève ce qui te gêne." »

Et Marisa ? Elle voyageait beaucoup, ce qui la tenait éloignée de ses enfants. « Nous avons organisé tellement de concerts ensemble », confie encore Riccardo Caramella. De beaux souvenirs, comme ce séjour mémorable à Bucarest, en 1973 : « Nous

---

1. Entretien avec l'auteur, 4 mars 2010, Mandelieu.

étions logés dans un hôtel magnifique. La carte du restaurant était incroyable, mais lorsque nous commandions un plat, on nous répondait qu'il n'existait plus : ils n'avaient que du caviar ! Au bout de vingt-quatre heures, on n'en pouvait plus. Un soir, Marisa m'a invité dans sa chambre pour déguster des victuailles qu'elle avait amenées d'Italie. On a mangé du saucisson sur son lit, transformé en table pour l'occasion, en rigolant. C'était une époque merveilleuse. »

*

Même durant le week-end, qui serait l'occasion pour la famille de se retrouver à la même table, Marisa et Alberto vaquaient le plus souvent à leurs occupations de leur côté. « Ils n'étaient pas très mondains, recevaient beaucoup d'artistes, et allaient au cinéma presque tous les samedis soir », raconte la nounou Teresa. Fous de lecture, ils achetaient des livres à profusion : « À la fin de la semaine, se souvient la gouvernante, il y avait des piles partout. » Au début de l'été, le couple envoyait les enfants au cap Nègre avec Teresa et ne les rejoignait que plus tard. Quand Alberto et Marisa arrivaient sur la côte varoise, les enfants repartaient à Turin. Le seul membre de la famille à s'investir dans l'éducation était l'autoritaire grand-mère Renée, la mère de Marisa : une femme dure, habituée à se faire obéir, qui grondait les enfants en français quand elle se mettait en colère. « Rien à voir avec la grand-mère italienne traditionnelle ! » dit en souriant Teresa, qui se souvient d'un déjeuner avec les enfants dans la maison du Lavandou : « Valeria et son amie Sylvia ont eu un fou rire. Renée leur a demandé d'arrêter d'un ton menaçant, ce qui a eu pour effet de déclencher l'hilarité de tous les enfants. La grand-mère a eu beau se mettre en colère, impossible de les arrêter ! »

*

Il est un chapitre, néanmoins, sur lequel les parents prenaient à cœur d'éduquer leurs enfants : la musique. Adolescent, Virginio adorait la variété italienne et anglo-saxonne. Son premier disque ? « Carlos Santana, je m'en souviens comme si c'était hier ! », sourit Teresa Bello. À l'heure de la sieste, Virginio s'enfermait dans sa chambre avec la nounou pour regarder les émissions de variétés à la télévision. « On chantait les chansons de Luigi Battisti à tue-tête. Un jour, M. Bruni nous a surpris et m'a sermonnée : "C'est quoi, cette horrible musique ? C'est ça que vous apprenez à mes enfants ?" » Valeria, elle, demandait souvent à sa nounou de lui chanter des chansons. « Déjà elle organisait plein de spectacles quand elle jouait ! » Quant à Carla, elle avait droit au traitement de faveur maternel, qui la réveillait en martelant les notes de Mozart sur son piano. « C'est sûr que si vous n'aimiez pas la musique classique… », soupire la gouvernante.

*

« Carla était différente, dit Teresa Bello. Très maigre, elle était aussi très grande pour son âge. » Assez méfiante, Carla restait souvent dans son coin. Gian Piero Bona, l'ami de la famille [1], se souvient d'une enfant qui pouvait être « très dure » avec son père. Ses copines étaient celles de Valeria, cette sœur de trois ans son aînée, une anxieuse, « un peu fantasque », selon un ami de la famille, à qui il arrivait de « changer jusqu'à cinq fois de chambre au cours de la même nuit », et dont la nature extravertie portait déjà la future vocation d'actrice. Elle improvisait par exemple des spectacles autour de la piscine du cap Nègre.

Par contraste, Carla, elle, était toujours dans le contrôle. Cette petite fille blonde comme les blés avait un statut à part dans la famille. Virginio était le fils héritier tant espéré par le grand-père Virginio Bruni-Tedeschi. Valeria était la première fille, la sœur aînée, aussi. Carla, elle, était le fruit de l'adultère. À la différence de son frère et de sa sœur, son prénom, version féminine de Carlo, le prénom de son grand-père maternel, ne vient pas de la généalogie paternelle. Un détail qui n'a pas manqué d'agacer son autre grand-père, paternel celui-là, qui a exigé que sa petite-fille soit rebaptisée Federica, du nom de sa propre épouse. En vain : Alberto s'y est fermement

---

1. Entretien avec l'auteur, 28 juin 2010, Turin.

265

opposé. Comme s'il pressentait, déjà, que sa fille cadette était sans doute plus Boroni que Bruni.

Du fait de son jeune âge, Carla est sans doute aussi celle des trois enfants qui a le plus souffert de la séparation avec la nounou « Téré ». Elle avait six ans quand ses parents ont décidé d'aller vivre à Paris, « la New York de l'époque, symbole d'un pays moderne », selon Teresa Bello. Les filles étaient toutes contentes à l'idée de déménager. Seul Virginio rechignait à quitter l'Italie. « Pour le convaincre, ses parents lui ont promis qu'il pourrait enfin aller à l'école à vélo. » À vélo ! Le rêve pour un enfant qui ne s'était jamais déplacé autrement que dans une voiture avec chauffeur. Virginio a d'ailleurs été le premier à s'installer à Paris, accompagné dans un premier temps par la gouvernante : « La famille n'avait pas encore trouvé de logement, raconte celle-ci. En attendant, on habitait au Ritz. C'était magique ! » Quand les parents ont enfin déniché un lieu à leur convenance, rue Las Cases, dans le VIIe arrondissement, la gouvernante s'y est installée avec Virginio. Les filles devaient suivre.

*

« J'avais un peu plus de vingt ans, dit aujourd'hui la nounou, dans son bel appartement de Trento, près de Vérone, la ville de Roméo et Juliette. Je me suis dit alors que si je restais en France, je ne fonderais pas de famille et deviendrais comme Romana, la tata du Dottore Bruni qui, à quatre-vingts ans, vivait encore avec lui. » Alors Teresa est repartie dans son village natal dans le nord de l'Italie. Ce fut un véritable déchirement pour ces enfants qu'elle considérait un peu comme les siens. Plusieurs fois, ils lui ont écrit. Sur l'une de ces touchantes missives, que Teresa sort avec précaution d'une boîte à chaussures, on peut lire : « J'espère que tu rentreras vite », signée Carla. Déjà, la petite fille s'appliquait à ne pas déborder des lignes droites tracées au feutre.

La gouvernante, pourtant, n'a pas répondu à ces lettres. « J'ai refait ma vie, me suis mariée, ai eu une fille et ouvert une mercerie... mais je ne les ai jamais oubliés », promet la tata, qui a suivi la carrière de sa petite Carla en lisant la presse people. Et qui a eu un choc à la sortie du film autobiographique de Valeria en 2003, trente ans après les avoir quittés : « Jamais, jamais je n'aurais pu penser qu'une chose pareille était possible : le Dottore Bruni n'était pas le vrai père de Carla ! »

En 2005, Teresa Bello [1] a écrit une longue lettre à son ancienne patronne, laquelle l'a aussitôt rappelée, pour lui donner rendez-vous à Turin, avec sa fille, Valeria. « Marisa m'a parlé de son petit-fils, Aurélien, l'enfant de Carla, de l'espoir de voir un jour Valeria devenir maman à son tour. » Mais c'est surtout Virginio que Marisa a évoqué, et notamment sa maladie qui l'angoissait tant : il suivait de nouveaux traitements, elle était folle d'espoir. « J'étais loin d'imaginer qu'il était déjà condamné », souffle la

---

1. Entretien avec l'auteur, 20 mai 2010, Trento.

gouvernante, dont le grand regret, aujourd'hui, reste de ne pas avoir répondu aux courriers des enfants.

*

Virginio, l'enfant adulé... « Il était la seule passion de Marisa », nous confirme le romancier Gian Piero Bona [1]. Toute leur vie, Carla et sa sœur se sont battues pour se faire une place dans l'ombre constante de ce frère aîné tant admiré, à l'ironie si décalée. Quand Valeria a laissé libre cours à son caractère fantasque et lunatique, Carla, « mi-peste, mi-chatte », selon un proche de la famille, a peaufiné son art de la séduction. Luttant pour attirer l'attention de son père.

Entre les sœurs, les relations n'ont quant à elles jamais été faciles. « Ma sœur est la personne que j'aime et déteste le plus au monde », confiait Carla Bruni en 2002 dans une interview. Toutes les deux ont en tout cas dû se surpasser pour exister dans cette famille tournée vers le fils prodigue. Teresa Bello se souvient pourtant d'un « enfant solitaire et mélancolique, qui adorait regarder les étoiles ». Pendant des années, Virginio a même scruté le ciel avec le télescope offert par sa mère. Lui qui n'a jamais trouvé sa place dans le milieu industriel de son père est devenu marin au long cours, préférant aux mondanités le charme des destinations lointaines. Quand il a ressenti les premiers symptômes

---

1. Entretien avec l'auteur, 28 juin 2010, Turin.

de sa maladie, il était en mer. Il avait trente ans mais déjà un monde le séparait de ses sœurs.

Pour celles-ci, leur mère rêvait d'alliances de prestige et de destinées couronnées. Elle caressait même l'espoir de tisser des liens avec les petits princes Grimaldi, leurs voisins monégasques. Elle en a été pour ses frais. Carla, qui faisait déjà le mur à quatorze ans pour aller danser dans les boîtes du Lavandou, n'en avait que pour les chanteurs de rock. Quant à Valeria, elle ne fréquentait que des comédiens, surtout italiens et militants de gauche, comme un pied de nez à sa famille. C'est donc sur son fils que Marisa Bruni-Tedeschi avait reporté ses espoirs.

Le jour du décès de Virginio, le 4 juillet 2006, à l'âge de quarante-six ans, Marisa s'est arrêtée de jouer du piano. Deux ans plus tard, inconsolable, lors de la vente aux enchères du mobilier de Castegneto Po chez Sotheby's, elle a demandé à un ami de faire un petit ouvrage pour commémorer le génie de son fils unique. « On a tenté de lui faire comprendre qu'il était un peu étrange de raconter la vie d'un défunt dans un catalogue de vente », raconte un proche. Marisa a alors abandonné l'idée.

Mais l'ombre du disparu a continué de planer sur le clan Bruni-Tedeschi. Carla avait presque quarante ans au moment du drame, Valeria, près de quarante-trois. La famille s'est ressoudée dans le souvenir de ce fils, ce frère adoré. Ses sœurs, surtout, ont fait abstraction des rivalités passées pour soutenir leur mère endeuillée. En décembre 2007, toutes les femmes Bruni-Tedeschi étaient présentes lors d'une soirée organisée à l'UNESCO pour la Fondation Virginio Bruni-Tedeschi, dédiée à la recherche médicale sur le sida. Même Teresa Bello [1], la nounou d'antan, avait été invitée. L'occasion, pour l'ancienne gouvernante, de retrouver sa petite Carla, qu'elle n'avait pas revue depuis trente-cinq ans : « Au début, je n'ai pas osé aller lui parler. J'appréhendais ce moment. J'avais lu dans la presse italienne qu'elle était un peu, comment dire, froide et hautaine ! » À la grande surprise de la tata, c'est Carla Bruni elle-même qui s'est précipitée sur elle : « Oh ! Ma Téré, comment vas-tu ? » Les larmes aux yeux, Teresa a murmuré : « Je croyais que tu m'avais oubliée »... La main agrippée sur le bras de sa nounou, la future première dame lui a répondu : « Mais comment le pourrais-je ? »

Comment Carla Bruni aurait-elle pu oublier la première personne à lui avoir témoigné une si profonde affection ? Celle qui la bordait le soir avant de s'endormir, celle qui la consolait, la nuit, quand un cauchemar la réveillait ? À l'aéroport, Teresa Bello a envoyé un texto à Carla, qui lui avait donné son numéro de portable. Carla l'a rappelée aussitôt et elles se sont parlé pendant une heure.

*

Un an plus tard, Carla Bruni, devenue première dame de France, s'est encore mise en quatre pour

---

1. Entretien avec l'auteur, 20 mai juin 2010, Trento.

assister sa mère à monter une exposition autour des photos de voyage de Virginio, Marisa ayant sollicité l'ambassadeur italien afin d'obtenir la coopération du Centre culturel italien. Rossana Rummo [1], la directrice du Centre, nous confie avoir été séduite par ces « magnifiques clichés en noir et blanc ». Surtout, elle se souvient de la première impression que lui a laissée Marisa quand elle l'a rencontrée, avec Isabelle, la compagne du défunt : « Une femme du Piémont, très forte, très solide, un véritable rocher, qui n'avait qu'une seule faille : son fils. »

Rossana Rummo dit avoir laissé le champ libre à la famille Bruni-Tedeschi, laquelle a tout organisé elle-même, de l'affiche au cocktail de la soirée d'inauguration. La veille de l'ouverture, Marisa est venue vérifier que tout était prêt : « Elle a fait le tour de la salle, accompagnée de la compagne de Virginio, en s'arrêtant longuement devant chaque photo, précise la directrice. C'était comme un chemin de croix. » Marisa est ensuite revenue tous les jours qu'a duré l'exposition, en demandant combien de visiteurs étaient passés, lisant scrupuleusement les commentaires inscrits dans le livre d'or. Pour remercier Rossana Rummo de ce qu'elle avait fait, elle l'a invitée chez elle. « Ce soir-là, Marisa a rejoué du piano. Elle m'a dit qu'elle n'y avait pas touché depuis la mort de Virginio. »

Aucune des filles Bruni ne pourra lutter contre l'amour d'une mère pour son fils. Peut-être Carla a-t-elle voulu, à travers ces noces présidentielles, attirer

1. Entretien avec l'auteur, 14 mai 2010, Paris.

un peu plus encore l'attention en jouant un rôle indiscutable ? Elle a réussi, de fait, puisque sa mère se montre volontiers au côté de sa fille cadette. Et surtout, avec Nicolas Sarkozy, Carla Bruni, étoile médiatique qui aurait tant voulu briller dans le cœur de ses parents, a trouvé son alter ego de solitude. Comme elle, le jeune Nicolas était le cadet des trois frères, le mal-aimé de la fratrie, dont le père ne s'est jamais occupé. En se rencontrant, tous deux ont reconnu en l'autre la même âme esseulée, le même besoin de reconnaissance. Et d'amour, aussi.

21

La folle rumeur

Carla Bruni est folle de rage. Même si elle n'en laisse rien paraître. Même si elle prétend le contraire, comme si souvent, même si aucun journal n'en fait écho. Voilà ce que révèlent certains de ses proches au printemps 2010. Son couple connaît alors l'une des pires épreuves de sa courte histoire. Tout commence le deuxième week-end de mars. Le samedi 7, le chanteur Benjamin Biolay est sacré champion aux Victoires de la musique. Le lendemain, un blog hébergé par le site du *Journal du Dimanche* relaie des messages publiés depuis quelques semaines sur le Net mais confinés au réseau social de microblogging Twitter : selon une rumeur, la première dame entretiendrait une idylle avec le nouveau roi de la chanson française, tandis que Nicolas Sarkozy aurait été séduit par sa secrétaire d'État à l'Écologie, Chantal Jouanno [1]. En moins de temps qu'il ne faut pour cliquer sur un clavier, l'incroyable ragot, que seuls

1. À juste titre, la secrétaire d'État qualifiera ce ragot de « rumeur ignoble », plus tard, dans *Le Figaro*.

quelques initiés et journalistes colportaient jusque-là dans les dîners en ville et les couloirs des rédactions, se répand sur la Toile et partout dans le monde. Certes, aucun journal français n'ose alors faire état de cette incroyable histoire, mais la presse étrangère, de la Suisse aux États-Unis en passant par l'Angleterre, s'en donne à cœur joie. Résultat : le pays ne bruit que de ces prétendues incartades présidentielles. Et Carla Bruni, qui avait tant travaillé son image publique de femme rangée et assagie, ne décolère pas. Après l'affaire dite du texto, la revoilà sur le devant de la scène sans l'avoir choisi. Encore une fois dans le mauvais rôle et pas une histoire totalement imaginaire.

*

Des rumeurs, pourtant, l'ancien mannequin en a vu d'autres. En vingt ans d'une carrière sentimentale parfois tumultueuse, les gazettes du monde entier lui ont prêté toutes les conquêtes, sans que cela la froisse le moins du monde. « Je préfère être considérée comme une séductrice que comme une patate molle [1] », a-t-elle commenté un jour avec un brin de provocation. Cette fois, pourtant, c'est différent : une crise conjugale présidentielle étalée sur la place publique, voilà qui fait mauvais effet. Depuis l'affaire Marcovitch [2] en 1968, jamais un racontar

_____

1. *Téléstar*, février 2007.
2. En 1968, le cadavre de Marcovitch, un garde du corps d'Alain Delon, est découvert dans une décharge en banlieue

276

d'ordre privé n'avait à ce point fait trembler les institutions de la Vᵉ République. Devenue experte dans la gestion des potins scandaleux dont elle a moult fois fait l'objet, Carla Bruni a d'abord réagi comme elle l'avait toujours fait : en gardant le silence. Certes, officieusement, elle a confié, auprès de quelques journalistes de la presse écrite chargés de relayer sa parole, son « étonnement » que l'on puisse accorder du crédit à ce genre de racontar. Le 10 mars, on l'a vue également affirmer, étrangement d'ailleurs, devant les caméras de la chaîne britannique Sky news, toute la confiance qu'elle avait en son époux : « Le mariage devrait durer pour toujours, mais qui sait ce qui peut arriver ? J'espère que cela sera pour toujours, je le souhaite, mais nous pourrions mourir demain. » Toutefois, la première dame de France parlait de façon générale, répondant là à des rumeurs plus anciennes selon lesquelles Nicolas Sarkozy avait eu de nombreuses conquêtes par le passé.

N'en déplaise à ce journaliste qui estime que cette « rumeur ne faisait de mal à personne sauf à

---

parisienne. Très vite, la rumeur parle de parties fines organisées par des personnalités mondaines de la place parisienne qu'il aurait fréquentées. Le couple ministériel Claude et Georges Pompidou, connu pour ses amitiés avec le show-business, est soudainement associé à ces soirées très osées. Ni l'Élysée, ni Matignon, ni même le ministère de la Justice ne préviennent le principal intéressé. Enfin informé des « on-dit », Georges Pompidou entre dans une colère noire. Il gardera pendant plusieurs années une liste des personnes qu'il jugeait responsables de la calomnie.

Sarkozy », l'épouse du président est profondément vexée. Il est vrai, elle a modérément apprécié l'allusion au fait qu'elle-même pouvait être « trompée ». Obligée d'affirmer, comme elle le fait ensuite devant les caméras de ces perfides anglais : non, son mari ne la trompe pas, Carla Bruni, bravache, en arrive même à demander : « Avez-vous des photos de mon mari avec une autre femme ? » Quel étrange renversement de situation pour la chanteuse qui avait balancé avec aplomb, quelques années plus tôt : « Les maris ne se volent guère, on sait les garder ou pas. » Ironie du sort, elle endosse aujourd'hui le rôle de l'épouse bafouée contrainte de dire qu'elle vit un véritable conte de fées avec son époux.

Le chef de l'État a, pour sa part, éludé la question que lui a posée le 12 mars un journaliste du *Monde* lors d'une conférence de presse à Londres sous le regard effaré du Premier ministre britannique de l'époque, Gordon Brown, en déclarant aux journalistes ne pas avoir « une demi-seconde » à perdre avec ces « élucubrations ». Il faut dire que la question, non préparée à l'avance, a été posée pour court-circuiter les confrères britanniques qui avaient bien l'intention, eux, de la soulever.

*

A priori, donc, tout est sous contrôle. Il n'empêche : sous le masque impassible, Carla Bruni enrage. « Comment a-t-elle osé ? Je veux qu'elle soit rayée des cadres ! La g... » fulmine la première dame à l'abri des regards dans sa maison du XVIe arrondissement parisien. « Elle », c'est Rachida Dati, dont le nom vient d'apparaître lors de l'enquête des services de renseignement secrètement diligentée par l'Élysée pour identifier le coupable de la rumeur infamante : on murmure que c'est elle qui en aurait alimenté le contenu. Des conseillers du président, dont Pierre Charon, l'ont convaincu du rôle de l'ancienne garde des Sceaux.

Quand Carla Bruni l'a appris, elle a manqué s'étrangler. Ses relations avec Rachida Dati, une ancienne proche de Cécilia, n'ont jamais été au beau fixe, mais cette fois, la coupe est pleine. Carla menace : elle ne reverra ni ne reparlera à Rachida Dati s'il était établi que la rumeur provenait de son entourage. Elle, la femme rangée, dont on a tant vanté l'effet apaisant sur Nicolas Sarkozy, fait pression et veut des résultats, quitte à faire monter d'un cran la nervosité légendaire de son époux. En quelques jours, l'ancienne ministre de la Justice devient ainsi l'ennemie publique numéro un à l'Élysée.

Le 14 mars, au soir du premier tour des élections régionales, lesquelles sont passées au second rang des priorités d'un chef d'État encore traumatisé par les ragots colportés au moment de son divorce avec Cécilia, Rachida Dati apprend que sa protection policière et sa voiture de fonction lui sont retirées par le ministère de l'Intérieur [1]. Officiellement, pour

---

1. *Le Canard enchaîné* le révèle dans son édition du 31 mars 2010.

des raisons d'économies budgétaires. Pour l'Élysée, c'est encore loin d'être assez. De fait, la disgrâce de la députée européenne ne fait que commencer. Quelques jours plus tard, Claude Guéant, le secrétaire général de l'Élysée, confie au *Canard enchaîné* que « le président ne souhaite plus voir Rachida Dati ». « La peur doit changer de camp », confirme à son tour Pierre Charon. Pis : certains journalistes évoquent la possibilité d'une mise sur écoute de l'accusée. Il n'en fallait pas plus pour attiser la tempête médiatique, dont les bourrasques viennent de transformer un odieux racontar en véritable affaire d'État. Benjamin Biolay, quant à lui, attaque en justice le 3 avril la chaîne de télévision France 24 pour avoir parlé de l'affaire, bien que la première dame ait, paraît-il, essayé de l'en dissuader.

*

Un mois après la naissance de la rumeur, le soufflé, loin d'être retombé, semble sur le point d'exploser. Rachida Dati, jusqu'à présent silencieuse, s'invite ainsi sur la première radio de France, RTL, le 7 avril au matin. Et dénonce ceux qui l'accusent d'être à l'origine des rumeurs sur le couple Sarkozy, assure qu'elle n'a « peur de rien » et qu'« il faut que cela cesse ». L'ex-garde des Sceaux souligne, la voix ferme, qu'on a dit « des choses atroces » sur elle, qu'elle n'a « jamais réagi » mais que « maintenant ça suffit ». Elle pointe « la différence entre l'entourage du président de la

République et le président de la République lui-même ». Des menaces voilées que l'Élysée comprend très vite. Rachida Dati et Nicolas Sarkozy ont eu une violente discussion la veille.

Carla Bruni doit sortir de sa réserve pour voler au secours de son mari. Le plan est le suivant : d'abord, arrêter l'incendie. Claude Guéant, le secrétaire général de l'Élysée, téléphone au patron d'Europe 1 et au journaliste Claude Askolovitch, un proche du couple présidentiel, rédacteur en chef du service politique du *Journal du Dimanche*, qui collabore également à la station du groupe Lagardère, pour tenter d'arrêter l'incendie. Un entretien sur Europe 1 est négocié : il doit être enregistré dans les conditions du direct et diffusé au journal de 18 heures. Carla Bruni a une requête : elle souhaite que les journalistes viennent à son domicile pour l'entretien. La réponse est non. C'est à elle de se déplacer rue François Ier. Comme elle ne souhaite rencontrer personne, elle arrive donc vers 16 heures par les parkings de la station, accompagnée d'un seul garde du corps. Dans les mains, un petit carnet dans lequel elle a préparé son intervention.

Une enquête ? « Inimaginable », affirme-t-elle au micro d'Europe 1. La première dame parle d'une voix posée, mais pas tout à fait sereine. Plus question, cette fois, de feindre l'indifférence. Carla Bruni, qui peste en coulisse contre les « branquignols » entourant son époux, est là, en mission officielle, avec un message à délivrer : non, ces rumeurs n'ont « aucune importance » pour son mari et elle.

« On a tourné la page depuis belle lurette », prétend-elle d'ailleurs. Quant à Pierre Charon, « il a parlé avec l'emportement de l'amitié ». Non, son époux et elle-même ne considèrent pas qu'ils sont « victimes d'un complot ». Non, ils ne sont animés par « aucune volonté de vengeance ». Et oui, « Rachida Dati reste tout à fait notre amie ». Cette phrase non prévue dans son intervention initiale est une réponse à la question posée par le journaliste vedette de la radio, Patrick Cohen. Détail étonnant, la garde rapprochée du chef de l'État n'est alors pas au courant de l'intervention de Carla Bruni. À 17 heures, soit une heure à peine avant la diffusion de l'entretien, un journaliste politique de la radio téléphone à Franck Louvrier, le responsable de la communication de Nicolas Sarkozy, pour lui parler de la visite de Carla Bruni une demi-heure plus tôt. Ce dernier est stupéfait : « Quoi, elle est là ? Je n'étais même pas au courant. »

*

L'intervention de Carla n'enraye pas le mal qui a été fait. Les régionales ont été perdues par la droite, le secret d'une enquête dont les méthodes sont d'habitude réservées aux affaires de sécurité nationale, éventé, et, pire que tout, la crédibilité de son couple sérieusement entamée. Pour le brillant polémiste Jean-François Kahn[1], la rumeur « a pris

---

1. Entretien avec l'auteur, 22 avril 2010, Paris.

parce que les Français ne croient pas totalement à ce couple » et soupçonnent leur président de « s'être payé une star ». Dès l'annonce des noces, beaucoup ont en effet parié sur la courte durée du mariage. Les propos d'antan tenus à plusieurs reprises par la nouvelle première dame, qui n'a jamais caché qu'elle trouvait la monogamie « ennuyeuse », n'ont rien arrangé.

Le problème de cette rumeur, c'est que les gens y ont cru. Si bien qu'au début du printemps les paparazzis ont afflué dans le XVIe arrondissement, près de la Villa Montmorency, où vit le couple présidentiel. Certains photographes ont même planqué devant le domicile de Pierre Bergé, dont l'appartement, selon une autre rumeur vite éventée, était censé abriter ces pseudo-amours ...

Et quand Carla Bruni a annulé soudainement et sans raison sa venue, le 11 mars, au déjeuner d'inauguration de l'exposition Yves Saint Laurent au Petit Palais, où elle était attendue par Pierre Bergé, la machine à ragots s'est emballée.

Il a suffi qu'un chanteur talentueux et de gauche, Don Juan à la voix de velours, longtemps considéré comme le mauvais garçon de la chanson française, ait croisé la route de la belle Italienne deux ans plus tôt pour que les imaginations s'enflamment. Ne partageaient-ils pas la même maison de disques, Naïve ? N'avait-il pas également aidé sa consœur chanteuse pour l'arrangement de son dernier album ? Celle-ci n'a-t-elle pas d'ailleurs ouvertement félicité l'artiste pour ses deux Victoires de la musique ? Et dans le show-biz, on n'ignore pas que Carla et Benjamin enregistrent dans le même studio d'enregistrement, les Studios Labomatic, situés dans le VIIIᵉ arrondissement... à deux pas de l'Élysée. « Quelqu'un a dû les voir parler ensemble et la rumeur est partie ! résume Pascal Rostain [1], le photographe et ami de Carla Bruni. Toute la presse française et européenne m'a appelé pour savoir si j'avais des photos ou des infos. C'est fou, non ? »

Pauvre Biolay... « Ça a été très violent, très déroutant », confie le chanteur, plus de deux mois après son sacre aux Victoires de la musique, dans les colonnes de *Paris Match* [2]. Au début, l'artiste s'est consolé en se disant que ça ne durerait pas. « Benjamin a un côté Casanova, explique avec humour Christophe Conte [3], chroniqueur musical aux *Inrocks*. Au début, sans doute, c'était un peu flatteur pour lui : Carla représente la prise ultime ! Mais c'est vite devenu infernal : lui qui avait mis quinze ans à construire sa carrière pouvait enfin jouir d'un succès absolu quand, patatras, on ne lui parlait plus que de Carla ! » À tort ? Pour le journaliste, c'est évident : « J'étais au Casino de Paris en février dernier pour son concert. À la fin, il y avait un apéro dans les loges, j'y étais. Certains ont prétendu que la première dame était venue, mais ce n'est pas vrai, en tout cas, je ne l'ai jamais vue. »

---

1. Entretien avec l'auteur, 10 mars 2010, Paris.
2. *Paris Match*, 19 mai 2010.
3. Entretien avec l'auteur le 29 juillet 2010, Paris.

Interviewé par *Paris Match*, l'ancien compagnon de Chiara Mastroianni confirme qu'il n'a pas vu Carla Bruni depuis deux ans. Et revient longuement sur cette rumeur « oppressante » : « Cela a fait du mal dans mon entourage. (...) Je me suis quand même retrouvé à la une de la presse anglaise, en étant présenté comme l'amant de la première dame... C'est dur pour moi, pour ma fille et pour la femme que j'aime. »

*

Carla Bruni, elle, est plus furieuse que bouleversée. Passe encore que l'on puisse lui inventer une liaison avec un chanteur en vogue. Mais, une fois n'est pas coutume, l'attaque l'a prise par surprise et elle a perdu le contrôle de la situation. Surtout, elle est présentée comme une femme trompée. La rumeur prêtant à Nicolas Sarkozy une liaison avec une secrétaire d'État est partie d'un journaliste politique ayant cru les voir dans les jardins de l'Élysée. Puis le ragot a été complaisamment colportée par de nombreuses personnalités et pas des moindres. Ainsi de cette responsable socialiste en déplacement en outre-mer apprenant que le chef de l'État, lors d'un voyage officiel réalisé quelques semaines auparavant au même endroit, était accompagné notamment d'une jeune femme ressemblant à ladite secrétaire d'État. De retour à Paris, la rumeur était lancée...

À la lecture de la longue liste des cœurs brisés par Carla, on a tendance à oublier son tempérament méditerranéen. Un tantinet jalouse, la Turinoise goûte peu les manières courtoises et empressées de son mari auprès des belles femmes. On se souvient du président saisi en flagrant délit, le regard perdu sur la généreuse poitrine du mannequin Bar Rafaeli lors de la réception à l'Élysée du président israélien Shimon Peres. Carla a donc appris à identifier les menaces. Démonstration lors du dîner de gala donné à New York pour la fondation Elie Wiesel le 28 septembre 2008 : la première dame de France, raconte un convive, était assise en face de Catherine Zeta Jones. Elle a longuement dévisagé le visage de la pulpeuse actrice, s'est arrêtée quelques secondes sur son vertigineux décolleté et l'a ostensiblement ignorée jusqu'à la fin du repas. Autre circonstance, mais même sentiment de danger, à l'occasion de l'anniversaire de l'acteur Vincent Pérez : un invité a remarqué le coup d'œil acéré de Carla Bruni à Nicolas Sarkozy quand celui-ci s'est attardé sur les jambes de la compagne du chanteur Calogero. Moqueuse, elle a lancé à son époux : « La prochaine fois, moi aussi je mettrai un petit short, puisque ça a l'air de te plaire. »

*

On comprend aussi pourquoi, devenue première dame, l'ancienne mannequin n'a eu de cesse de vouloir écarter tous les proches de Cécilia, son ancienne rivale. À commencer par Rachida Dati, décidément tenace. Exaspérée par l'amitié qui la liait au président, Carla Bruni a toujours trouvé l'ancienne garde des Sceaux envahissante.

Il faut dire que celle-ci n'a rien fait pour arrondir les angles. « Dati n'a pas compris que Sarkozy était désormais remarié et ce que cela impliquait », analyse un journaliste politique. Elle a continué à appeler le chef de l'État vingt fois par jour et à revendiquer sa place de privilégiée auprès de lui. Un journaliste français en poste aux États-Unis rapporte cette confidence que lui a faite Rachida Dati lors d'un voyage officiel, et destinée à entretenir l'ambiguïté : « Le président et moi, on a vraiment une relation très particulière. » Le comportement de hussard de Nicolas Sarkozy n'arrange pas les choses. Michel Comboul[1], ancien P-DG du groupe *Nice Matin*, se souvient par exemple de ce dîner avec le futur président, quelques jours avant l'élection présidentielle. « Il m'a dit en regardant Dati : " C'est la seule Arabe que je connais, elle est belle, tu ne trouves pas ? " » L'équivoque n'est jamais allée plus loin. Un autre journaliste parisien, lui, raconte, sous le sceau de la confidentialité, avoir un jour demandé à Sarkozy s'il avait eu une aventure avec sa ministre de la Justice. La réponse a fusé, carrée : « Je suis peut-être un peu fou, mais pas stupide. »

Carla Bruni a donc dû composer, dès les premiers jours de son mariage, avec ces pesantes présomptions. Et ne jamais baisser la garde. En 2008, faisant

---

1. Entretien avec l'auteur, 21 janvier 2010, Paris.

visiter les appartements privés de l'Élysée à Rachida Dati, elle lui aurait même montré la chambre d'un signe de tête en susurrant : « Tu aurais aimé l'occuper, n'est-ce pas [1] ? »

*

C'est plus fort qu'elle : en Rachida, Carla voit une intrigante, dont le goût pour la médiatisation, les soirées chics et le luxe ostentatoire ne plaide pas en sa faveur. Car en privé, l'ancien mannequin est tout le contraire : elle goûte peu les mondanités, ne sort pour ainsi dire jamais dans les soirées people et préfère les dîners entre amis. La première dame n'hésite d'ailleurs pas à se promener en ville incognito affublée d'une perruque pour ne pas être embêtée. Quand elle n'est pas en représentation officielle, Carla Bruni n'aime rien tant que se réfugier dans sa maison parisienne ou dans sa propriété du cap Nègre. Surtout depuis qu'elle a repris ses travaux d'écriture. Et alors qu'elle a su se faire une place dans l'univers impitoyable des podiums, l'épouse du chef de l'État découvre avec autant de surprise que d'effroi le monde autrement plus violent de la politique. Cette éternelle angoissée se retrouve malgré elle plongée dans l'insécurité et, ressassant l'incident de la rumeur, semble mortifiée d'avoir, pour la première fois de sa vie, perdu le contrôle de la situation.

---

1. Valérie Bénaïm et Yves Azeroual, *Carla et Nicolas, La véritable histoire, op. cit.*

Épilogue

« Tu as tout eu. Tu es même devenue l'épouse d'un chef d'État. Que voudrais-tu avoir de plus ? », demande le styliste Christian Lacroix[1] à Carla Bruni, son ancien mannequin. C'était en 2008. Pour seule réponse, il a eu droit à l'un des sourires énigmatiques de la première dame.

Cette question, ils sont des millions à se l'être posée. L'aventurière amoureuse a-t-elle enfin trouvé l'homme de sa vie ? Le publicitaire Jacques Séguéla[2], qui a été l'entremetteur de l'histoire présidentielle, a eu un jour cette phrase pour la décrire : « Carla a eu trois sortes d'amour. Ceux de passage qui ne durent que quelques jours. Elle ne les cache pas, ne les montre pas et ne les désavoue pas. Ensuite, un grand amour, mais qui était déséquilibré, pour Raphaël Enthoven, à qui elle a donné un fils. Enfin, celui qu'elle porte au président de la République, qui est un amour serein et mûr. »

1. Entretien avec l'auteur, 10 juin 2010, Paris.
2. Entretien avec l'auteur, 10 juin 2009, Suresnes.

Sûrement. Mais l'épisode de la rumeur laissera vraisemblablement de nombreuses traces. Quant aux récentes prises de position politiques de son époux, ne vont-elles pas la pousser à s'exprimer, elle, la femme libre, artiste soixante-huitarde, à l'âme plus italienne que française, qui manifestait avec ses amis contre les tests ADN ? Pourra-t-elle garder le silence face aux déclarations à l'emporte-pièce de la majorité et du président lui-même sur la sécurité et l'immigration ? Combien de temps, se demandent ceux qui l'ont connue il y a des années, acceptera-t-elle de rester dans sa prison dorée ? Faudra-t-il que le chef de l'État ne brigue pas de nouveau mandat – il a lui-même dit qu'il existait une vie après l'Élysée – pour qu'enfin le couple le plus célèbre de France vive sereinement son histoire ?

Remerciements

Comment ne pas remercier amis, confrères et les nombreuses personnes qui m'ont aidée durant cette enquête. Sans eux, ce livre ne serait pas le même.

Merci à Flammarion et à mon éditeur Thierry Billard pour leur confiance et leur patience. À Sandie pour sa bonne humeur.

Merci à Colombe P., Anne-Laure Q., Marcelo W., Éric C. pour leur aide et leur soutien sans failles.

À Anne pour m'avoir encore une fois accompagnée durant cette seconde aventure.

À Julie, Laurence, Gilles, Pauline, Véronique, Françoise, Thierry, Anne, Latifa, Hélène H.L., Carine, Marion, Mahaut, Sylvie, Jean-Claude... de m'entourer de leur fidèle amitié.

À mes confrères, français et étrangers, qui m'ont consacré du temps et n'ont pas hésité à m'aider tout du long.

Merci à mes parents, Hichem et Dounia, pour leur enthousiasme permanent.

Table

Cet ouvrage a été imprimé
en août 2010 par

FIRMIN-DIDOT

27650 Mesnil-sur-l'Estrée
N° d'édition : L.01ELIN000236.N001
N° d'impression : 101504
Dépôt légal : septembre 2010

Mise en page par Méta-systems
Roubaix (59100)

Imprimé en France